시리즈 シリーズ 01

일본 주부들이 만든
일본 가정요리

최효선 감수

1945
문예림

| 만듦 | 우리 한국어 요리팀 |

| 일본어·요리사진 감수 | 우츠노미야 유우코(한국어 통역사) |

| 감수 | 최 효 선 |

〈약 력〉

일본 류우코크대학 대학원 석/박사 수료. 문학박사.
〈우리 한국어〉부원장

일본 주부들이 만든 일본 가정요리

| 초판 인쇄 | 2014년 11월 20일 |
| 초판 발행 | 2014년 11월 30일 |

| 감수 | 최효선 |
| 발행인 | 서덕일 |

펴낸곳	도서출판 문예림
주소	서울시 광진구 능동로 29길 6 문예하우스 101호 (143-837)
전화	(02)499-1281~2
팩스	(02)499-1283
홈페이지	http://www.bookmoon.co.kr
E-mail	book1281@hanmail.net

| 출판등록 | 1962. 7. 12 제2-110호 |
| ISBN | 978-89-7482-795-3 (13730) |

* 잘못된 책은 구입하신 서점에서 교환하여 드립니다.
* 본 책은 저작권법에 의해 보호를 받는 저작물이므로 무단 전제와 복제를 금합니다.

Prolog

　2013년 12월, 한국의 〈김치와 김장문화〉가 유네스코에서 지정하는 인류 무형 문화유산에 등록되었습니다. 같은 때, 일본의 〈와쇼크(일본음식)〉도 등록되면서 서구화되어가는 현대식에 경종을 울리는 쾌거라고 많은 일본인들이 기뻐했습니다.

　〈와쇼크〉는 기본이 된장, 간장, 야채, 생선류입니다. 단순하면서도 영양면과 미적인 면을 동시에 고려한 조리법으로, 유럽에서는 프랑스 요리와 버금가는 대접을 받고 있는 듯 합니다.

　이번에, 식재료가 한국요리와 비슷한 일본 〈가정요리〉를 한국에 알리고자 시리즈 1탄으로 이 책을 펴내게 되었는데요, 수록된 요리들은 평범한 일본 주부들이 자신의 가족들을 위해 매일 매일 만드는 〈평범한〉음식들 뿐입니다.

　요리 연구가가 만드는 예술적이고 학술적인 요리와는 달리, 소박하고 주먹구구식인 일본 서민들의 음식을 통해, 그 어떤 전문 요리책에서도 볼 수 없는 생생한 현대 일본의 식문화를 만끽하실 수 있을겁니다.

　그리고, 일본에 여행하시는 분들을 위해 요리의 일본식 발음과 히라가나, 한자를 괄호안에 표기했으니 일본에 가시면 한번 써 보세요.

　일본인들의 〈가정 음식〉을 즐기시며 감정의 폭을 조금이나마 〈세계〉속으로 넓히시게 된다면 그 또한 즐거움이라 할수 있지 않겠습니까.

2014년 9월
최 효 선

차 례

Prolog ·· 3
분류 ·· 7
알고 시작하면 도움이 돼요 ················ 8

가미타

01. 탕수육 ······································· 12
02. 오이절임 ··································· 14
03. 감자볶음 ··································· 16
04. 단호박조림 ······························· 18
05. 연어살을 넣고 물말은 밥 ········· 20
06. 연근 연어튀김 ··························· 22
07. 닭고기 달걀덮밥 ······················· 24
08. 스키야키 ··································· 26
09. 돼지고기 조림 ··························· 28
10. 유부와 감자조림 ······················· 30
11. 된장국 ······································· 32
12. 돼지고기 넣은 오코노미 야키 ··· 34
13. 김밥 ··· 36
14. 고구마와 닭다리조림 ··············· 38
15. 토마토와 달걀볶음 ··················· 40

니시키타

01. 유부구이 ··································· 44

02. 낙지 초무침 …………… 46
03. 겐친국 ………………… 48
04. 볶은 중화국수 ………… 50
05. 볶은 우동 ……………… 52

우츠노미야

01. 달걀찜 ………………… 56
02. 달걀말이 ……………… 58
03. 꽈리고추와 멸치볶음 … 60
04. 유부우동 ……………… 62
05. 국수 …………………… 64
06. 메밀국수 ……………… 66
07. 완두콩 밥 ……………… 68
08. 표고버섯과 박고지조림 … 70
09. 차가운 샤부샤부 ……… 72
10. 카레 …………………… 74
11. 일본식 롤양배추 ……… 76
12. 돈까스덮밥 …………… 78
13. 연두부 찌개 …………… 80
14. 모듬찌개 ……………… 82
15. 굴 된장찌개 …………… 84
16. 초밥 …………………… 86
17. 김말이 초밥 …………… 90
18. 삼각김밥 ……………… 94

시키마치

01. 닭고기와 시금치무침 … 100
02. 콩비지 조림 …………… 102
03. 정갱이 다진것 ………… 104
04. 단호박 샐러드 ………… 106
05. 꽈리고추 볶음 ………… 108
06. 낙지볶음 ……………… 110
07. 벗긴새우와 양파 튀김 … 112
08. 꽁치통조림과 오이무침 … 114
09. 야채드레싱을 얹은 생선 … 116
10. 연어포일구이 ………… 118

구마카와

01. 녹미채 조림 …………… 122
02. 오징어와 토란 조림 …… 124
03. 야채 조림 ……………… 126
04. 드라이 카레 …………… 128
05. 근야채볶음 …………… 130
06. 전갱이의 남방조림 …… 132
07. 버섯찌개 ……………… 134
08. 새콤달콤한 닭튀김 …… 136
09. 장어의 야나기가와찌개 … 138
10. 햄버거 스테이크 ……… 140

하야카와

01. 고등어 된장조림 ······················ 144
02. 오뎅 ······································ 146
03. 간단 여주샐러드 ······················ 148
04. 무와 두부의 깨무침 ··················· 150
05. 갈은 닭고기 유부조림 ················ 152
06. 토란과 낙지 조림 ····················· 154
07. 고구마조림 ···························· 156
08. 감자와 소고기조림 ··················· 158

최

01. 오이 즉석절임 ························ 162
02. 해파리 초무침 ························ 164
03. 연근볶음 ······························ 166
04. 가지볶음 ······························ 168
05. 마파두부 ······························ 170
06. 토란 된장국 ··························· 172
07. 다카나 볶음 ··························· 174
08. 숙주나물 무침 ························ 176
09. 여주와 돼지고기 볶음 ················ 178
10. 고마츠나 무침 ························ 180
11. 오쿠라무침 ···························· 182
12. 부추 달걀볶음 ························ 184
13. 낫토와 오쿠라무침 ··················· 186
14. 무조림 ································· 188
15. 마와 매실쨩아찌 무침 ················ 190
16. 낫토 달걀부침 ························ 192
17. 말린 무조림 ··························· 194

토네가와

01. 돼지고기국 ···························· 198
02. 곤약 조림 ····························· 200
03. 버섯밥 ································· 202
04. 돼지고기 무조림 ····················· 204
05. 시금치 깨무침 ························ 206
06. 유부초밥 ······························ 208

분 류

국물류 / 된장국, 겐친국, 연두부찌개, 모듬찌개, 굴 된장찌개, 버섯찌개, 장어의 야나기가와찌개, 토란 된장국, 돼지고기국

밥 / 연어살을 넣고 물말은 밥, 닭고기 달걀덮밥, 김밥, 완두콩밥, 돈까스덮밥, 초밥, 김말이 초밥, 삼각김밥, 버섯밥, 유부초밥

면 / 볶은 중화국수, 볶은 우동, 유부우동, 국수, 메밀국수

고기류 / 탕수육, 스키야키, 돼지고기조림, 고구마와 닭다리조림, 차가운 샤부샤부, 닭고기와 시금치무침, 새콤달콤한 닭튀김, 햄버거 스테이크, 돼지고기 무조림

생선류 / 연근 연어튀김, 낙지 초무침, 정갱이 다진것, 낙지볶음, 벗긴새우와 양파튀김, 꽁치통조림과 오이무침, 야채드레싱을 얹은 생선, 연어포일구이, 오징어와 토란조림, 전갱이 남방조림, 고등어 된장조림, 토란과 낙지조림, 감자와 소고기조림, 여주와 돼지고기볶음

야채 / 오이절임, 감자볶음, 단호박조림, 꽈리고추와 멸치볶음, 표고버섯과 박고지조림, 일본식 롤양배추, 단호박 샐러드, 꽈리고추볶음, 녹미채조림, 야채조림, 근야채볶음, 간단 여주샐러드, 고구마조림, 오이 즉석절임, 해파리 초무침, 연근볶음, 가지볶음, 다카나 볶음, 숙주나물무침, 고마츠나 무침, 오쿠라무침, 말린 무조림, 시금치깨무침

콩류 / 유부와 감자조림, 유부구이, 콩비지 조림, 무와 두부의 깨무침, 갈은 닭고기 유뷰조림, 마파두부, 낫토와 오쿠라무침, 무조림, 마와 매실쨩아찌무침

달걀 / 토마토와 달걀볶음, 달걀찜, 달걀말이, 부추 달걀볶음, 낫토 달걀부침

그외 / 돼지고기 넣은 오코노미야키, 카레, 드라이 카레, 오뎅, 곤약조림

알고 시작하면
도움이 돼요

다시국물 ❶

|재료|
물(1000cc), 멸치(10g), 다시마(10g~15g), 가츠오부시(10g)

❶ 멸치와 다시마를 반나절 물에 담가 놓는다.
❷ ❶을 약한 불에 올려놓고 끓기 전에 다시마를 꺼낸다.
❸ ❷에 가츠오부시를 넣고 약한 불에서 3분 정도 지나면 불을 끄고 키친페이퍼로 걸러 낸다.

다시국물 ❷

|재료|
물(5컵/1000cc), 다시마(20g), 가츠오부시(30g)

❶ 다시마는 살짝 물로 씻어서 표면의 더러움을 제거한 후, 냄비에 물과 함께 넣고 여름이면 30분, 겨울이면 1시간 정도 담가둔다.
❷ ❶을 중불에 올려, 끓어 오르기 직 전에 다시마를 꺼내어 불을 끈 다음, 가츠오부시를 넣는다.
❸ ❷의 가츠오부시가 냄비 바닥에 가라앉으면 다시 불을 키고 한소끔 끓인 다음 끓어 오르면 불을 끈다.
❹ 행주나 키친 페이퍼를 체에 깔고 ❸을 거른다.

폰 즈

|재료|
간장 7, 식초 5, 미링 3, 다시 국물 1의 비율

❶ 재료를 다 섞어서 한소끔 끓인 후, 식으면 병에 넣고 냉장고에 보관한다.
❷ 사용할 때 감귤류를 짜서 섞어서 쓴다.

가미타

가미타입니다. 지역사회에서 요리만들기로 봉사 활동을 하고 있어요.
요리는 타인과 저 자신을 맺어주는 행복한 예술이라고 생각해요.
〈요리〉!! 아주 재미있어요^^

Q. 한국 요리와 비슷한 것은?
A. 〈오코노미야키〉는 〈지지미〉와, 〈마키즈시〉는 〈김밥〉과 비슷하다.

Q. 차이가 있다면?
A. 〈오코노미야키〉는 공기를 많이 넣어서 전체적으로 부드럽게 굽는데 비해 〈지지미〉는 기름을 담뿍 넣어 눌러 가며 튀기 듯 만드는 것 같다. 그리고 〈마키즈시〉는 밥에 식초를 넣는데 〈김밥〉은 맨쌀밥이란 것이 차이라고 할까?

Q. 추천요리는?
A. 〈닭고기 달걀덮밥〉! 〈비빔밥〉처럼, 이것 하나만으로도 볼륨과 영양이 충분하기 때문이다. 그리고 만들기도 아주 간단해서 점심식사 메뉴로는 최고다.

01
탕수육

스부타
すぶた/酢豚

|재료(2-3인분)|
돼지 등심(300g), 삶은 죽순(100g)
피망(큰것 2개), 양파(작은것 1/2개)
붉은고추(1개), 마늘(1/2개)

|조미료|
간장(1/2큰술), 녹말가루와 소금(조금)

|새콤달콤 소스|
설탕(4큰술), 토마토케찹(3큰술), 식초(2큰술),
간장(1큰술), 녹말가루(1작은술)

❶ 돼지고기는 식칼 등으로 잘근 잘근 쳐서 육질을 연하게 하여 2cm 사각형으로 자른 후, 조미료를 넣고 조물거린 다음, 10분 정도 놓아두어 맛이 배게 한다.

❷ 죽순은 길은 삼각형으로 얇게 자르고, 피망은 어슷썰기를 하고, 양파는 굵게 잘라서 가닥 가닥 헤쳐놓고, 붉은고추는 씨를 빼서 1cm 간격으로 자르고, 마늘은 잘게 다져 놓는다.

❸ 돼지고기는 하나 하나 녹말 가루를 묻혀서 170도로 가열한 기름에서 5분 정도 튀겨내고, 두 번째는 온도를 높여서 1분 정도 더 튀긴 후, 꺼내서 기름기를 뺀다.

❹ 냄비에 기름 3큰술을 넣고 달궈지면 마늘, 붉은고추, 양파를 볶은 다음, 삶은죽순과 피망을 넣고 볶는다.

❺ ❹에 새콤달콤 소스의 재료를 넣고 끓여 묽직해지면, ❸을 넣고 골고루 섞는다.

Tip. 고기를 넣고 골고루 섞이면 불을 바로 꺼 주세요.

02 오이절임

다타키 큐우리
たたききゅうり/タタキキュウリ

|재료(3인분)|
오이(3개)

|조미료|
식초, 간장(각각 50cc)
설탕(3큰술)
참기름(1/2큰술)
고추(1개)

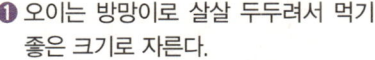

❶ 오이는 방망이로 살살 두두려서 먹기 좋은 크기로 자른다.
❷ 조미료(고추는 잘게 썬다)를 섞어서 ❶에 넣고 버무린다.
❸ 냉장고에 2시간 이상 차갑게 하면 완성.

03
감자볶음

쟈가이모 나마스
じゃがいもなます/ジャガイモナマス

|재료(5-6인분)|
감자(두, 세개)
식용유, 식초(각각 1큰술)
설탕(조금)
소금(1/2작은 술)

❶ 감자는 가늘게 채썰어서 하룻밤 물에 담가 녹말을 뺀다.
❷ 프라이팬에 기름을 두르고 물기를 뺀 감자를 볶는다.
❸ 설탕을 넣고 약간 무를 때까지 볶다가 소금을 넣는다.
❹ 마지막에 식초를 넣으면 완성.

04
단호박조림

가보짜노 니모노
かぼちゃのにもの/南瓜の煮物

|재료(4-5인분)|
단호박(600g)
다시국물(단호박이 잠길 정도의 양)

|조미료|
설탕(4큰술)
미링과 간장(각 3큰술)

❶ 단호박은 잘라서 속을 파내고 깨끗이 손질한 다음, 껍질을 부분적으로 벗긴다.

❷ 냄비에 단호박이 잠길 정도의 다시국물을 붓고 중간불로 끓이다가 조미료를 넣고 물기가 적어질 때까지 삶다가 한번 끓어 오르면 불을 약하게 하여 조린다.

05
연어살을 넣고 물말은 밥

사케 차즈케
さけちゃずけ/鮭チャズケ

|재료(1인분)|
절인 연어(한토막)
다시국물(400cc), 소금(1/2 작은 술)
간장(1큰술), 잘게 썬 김과 참깨(조금)
밥(1공기)

❶ 절인 연어를 구워서 따뜻할 때 살을 발라 헤쳐 놓는다.
❷ 다시국물을 냄비에 넣고 끓으면 소금, 간장으로 간을 한다.
❸ 그릇에 밥을 담고 그 위에 ❶을 올린 후 다시국물을 붓고 잘게 썬 김과 참깨를 뿌린다.

06
연근 연어튀김

렌콘노 사몬하사미아게
れんこんのさーもんはさみあげ / レンコンのサーモン挟み揚げ

|재료(2인분)|
연근(400g), 스모크사몬(60~80g)
오오바(20장), 레몬(1개)
튀김용 기름(적당량)

|튀김옷 재료|
물, 밀가루(각각 1컵)
녹말가루(2큰술), 소금(조금)

❶ 연근은 껍질을 벗겨서 4~5mm 두께로 둥글게 썰고 물에 4~5분간 담가서 석회질 부분을 제거한 후 물기를 뺀다.
❷ 튀김옷 재료를 균일하게 섞는다.
❸ 스모크사몬은 연근의 크기에 맞추어 잘라 연근 2장 사이에 끼우고 오오바 한 장으로 싸서 전체적으로 얇게 밀가루를 묻혀 놓는다.
❹ ❸에 ❷의 튀김옷을 입혀서 170도의 기름에서 튀겨낸다.
❺ 바로 튀겨낸 ❹를 반으로 잘라서 용기에 담고 8등분으로 자른 레몬을 곁들인다.

Tip. 오오바는 한국의 깻잎같은 것이랍니다. 냄새는 전혀 다르지만요.

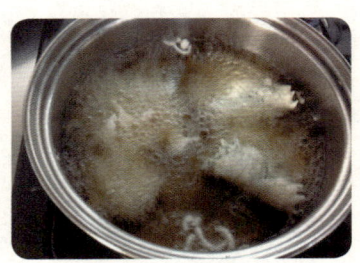

07
닭고기 달걀덮밥

오야코 돈부리
おやこどんぶり/親子丼

|재료(2인분)|
닭고기(150g), 달걀(3개)
미츠바, 혹은 파(조금), 따듯한 밥(적당량)

|조미료|
미지근한 물(140cc), 간장, 미링(각각 2큰술)
요리술, 설탕(각각 1작은술)

❶ 그릇에 조미료를 넣고 잘 섞는다.
❷ 닭고기는 한 입 크기로 자르고, 파, 혹은 미츠바는 잘게 썬다.
❸ 달걀은 흰 자위를 자르듯 잠깐 뒤섞는다.
❹ 작은 프라이팬에 ❶을 넣고 끓으면, ❷의 자른 닭고기를 넣고 약한 중간불로 익히다가 무른 것 같으면 불을 약하게 한다.

❺ ❸의 달걀을 ❹ 위에 원을 그리 듯 돌리면서 부어 넣는다.
❻ 프라이팬 가장자리의 달걀이 둥실 둥실 떠오면 뚜껑을 닫고 10초가 지난 후 불을 끈 다음, 약 1분간 그대로 뜸을 들인다.
❼ 사발에 밥을 담고 ❻을 얹은 후, 잘게 썬 파, 혹은 미츠바를 올린다.

Tip. 〈닭고기 달걀덮밥〉은 일본어로 〈오야코 돈부리〉라고 합니다. 〈오야〉는 〈부모〉, 〈코〉는 〈자식〉이란 의미에요. 〈돈부리〉는 밥공기보다 조금 큰 그릇을 말하는데, 이곳에서는 〈덮밥〉의 뜻으로 쓰이고 있습니다. 그러니까 〈부모/오야〉인 닭고기와, 〈자식/코〉인 달걀이 함께 들어 간 덮밥이란 뜻이지요.

08
스키야키

スキヤキ
すきやき/すき焼き

|재료(4인분)|
얇게 썬 소고기(600~800g), 배추(1/4개)
흰파(1개 반), 쑥갓(1/2단), 두부(1/2모)
실곤약(1팩), 표고버섯(4개)
소기름(조금), 달걀(4개)

|와리시타(다시국물)|
간장(200cc), 미링(150cc)
술(40cc), 설탕(80g),
물(50cc), 다시마(5cm×7cm 1장)

❶ 먼저 와리시타(다시국물)를 만드는데, 다시마 이외의 재료를 다 넣고 끓으면 약한 불에서 설탕이 녹을 때까지 조금 더 끓이다가 불을 끄고 다시마를 넣은 다음 식혀서 병에 담아 놓는다.

❷ 소고기는 먹기 좋은 크기로 자르고, 배추, 쑥갓은 5cm 정도 크기로 자르고, 흰파는 어슷 썰고, 표고버섯은 절반으로 자른다.

❸ 두부는 사방 3cm 크기로 자르고, 실곤약은 열탕을 뿌려서 소쿠리에 담아 먹기 좋은 길이로 자른다.

❹ 냄비에 소기름을 두르고 소고기를 먼저 볶는다. 그 다음에 ❶의 와리시타를 200cc 정도 넣고 준비해 놓은 배추, 실곤약, 두부, 표고버섯을 분량의 반씩을 넣고 끓이다가, 익으면 쑥갓을 넣고 1분간 정도 끓여서 불을 끈다.

❺ 생달걀을 묻혀서 먹는다.

Tip. 고기나 야채, 국물이 없어지면 추가로 넣어 가면서 드세요.
와리시타는 야채 조림에도 이용되니까 많이 만들어서 1주일 정도 냉장 보관해서 쓰실 수 있답니다.

09
돼지고기 조림

부타노 가쿠니
ぶたのかくに/豚の角煮

|재료(4인분)|
삼겹살 덩어리(400g), 물(1000cc)
흰파(1/2개), 얇게 자른 생강(3장)

|조미료|
고기삶은 물(200cc)
설탕, 미링(각각 1큰술)
술, 간장(각각 3큰술)

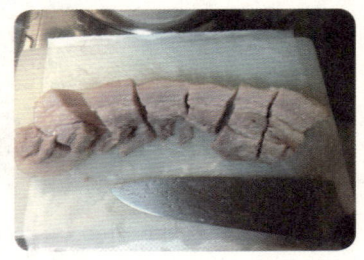

❶ 돼지고기는 덩어리채 물, 흰파, 생강과 함께 압력냄비에 넣고 뚜껑을 잘 덮어서 3분정도 센불로 가열한 다음, 약한 중불로 바꾸어 20분 있다가 불을 끄고 냄비 채 물에 담가 식힌다.

❷ 압력이 떨어지면 뚜껑을 열고 고기를 꺼내서 3~4cm 크기로 자른다.

❸ 고기삶은 물은 채에 걸러서 건더기는 버린다.

❹ 빈 압력냄비에 조미료와 ❷를 넣고 가열한 후, 가압이 시작되면 불을 끄고 그대로 놓아 두었다가 압력이 떨어지면 뚜껑을 연다.

❺ 국물을 고기에 끼얹으면서 뚜껑을 연 채로 조금 더 조려서 그릇에 담는다.

Tip. 겨자를 곁들여 드시면 더 맛있어요.

고기삶은 물에 삶은 달걀을 까서 하룻밤 담가 놓았다가 라면 토핑으로 하면 맛있답니다.

10
유부와 감자조림

아츠아게토 쟈가이모노 니모노
あつあげとじゃがいものにもの/厚揚げとジャガイモの煮物

|재료(5~6인분)|
중간크기 감자(500g), 유부(2~3개)
껍질채 먹는 강낭콩(20g), 당근(150g)
다시마(15g), 물(600cc), 설탕(2큰술)
간장(3큰술), 식용유(1큰술)

❶ 물에 다시마를 담가 불을 켠 다음, 끓기 직전에 꺼내어 한입 크기로 썰어 놓는다.

❷ 감자는 껍질을 까서 반으로 자르고 센불에 끓여서 중불로 5분 정도 더 삶는다.

❸ 유부는 뜨거운 물을 부어 기름기를 빼서 한입 크기로 자르고, 당근은 큼직하게 썬다.

❹ 껍질채 먹는 강낭콩은 살짝 삶는다.

❺ 프라이팬에 기름을 두르고 ❷의 감자를 살짝 볶은 다음, ❶의 다시국물을 붓고 강한 불에서 한번 끓이다가 한입 크기로 썰어 놓은 다시마를 넣고 약한 불에서 5분 더 끓인다.

❻ ❺에 ❸과 설탕, 간장을 넣고 20분 더 조린다.

❺ 다시마와 당근이 말랑지면 불을 끄고 ❹를 넣어 국물에 적셔서 그릇에 담아낸다.

11
된장국

미소시루
みそしる/味噌汁

|재료(1인분)|
다시국물(150cc)
된장(10g)
건더기(무, 유부등 30g)
파(조금)

❶ 다시국물에 건더기를 잘게 썰어 넣고 부드럽게 삶아지면 된장을 넣은 다음, 불을 끄고 파를 넣는다.

12
돼지고기 넣은 오코노미 야키

오코노미야키 부타다마
おこのみやきぶただま/お好み焼き豚玉

|반죽 재료(4인분)|
밀가루(200g), 베이킹파우더(8g)
다시국물(280cc), 으깬 마(8g)

❶ 그릇에 밀가루, 베이킹파우더를 넣고, 거품기로 달걀을 풀듯이 서로 잘 섞는다.
❷ ❶에 다시국물을 세번에 나눠서 붓고 그 때마다 거품기로 잘 섞어서 전체적으로 부드럽게 한다.
❸ ❷에 으깬마를 넣고 섞어서 끈적한 반죽을 만든다.

|재료(1인분)|
반죽(100g), 얇게 썬 삼겹살(1장)
양배추(100g), 베니쇼우가(1작은술),
튀김찌꺼기(1작은술), 달걀(1개)
마요네즈, 오코노미야키 소스(시판)
케즈리부시, 파래가루, 식용유(각각 조금)

❶ 작은 그릇에 반죽, 큼직 큼직하게 썬 양배추, 베니쇼우가, 튀김찌꺼기, 달걀 1개를 깨어 넣은 후, 골고루 섞는다.
❷ 달궈진 프라이팬에 식용유를 넣고 ❶의 반죽을 넣어 넓게 편다.
❸ ❷위에 삼겹살을 한장 펼쳐 올려서 반죽과 밀착시킨다.
❹ 프라이팬에 뚜껑을 덮고 중간 불에서 2분 정도 뜸들이 듯 굽는다.
❺ ❹를 뒤집은 다음, 다시 뚜껑을 덮고 또 2분 정도 구운 후, 뚜껑을 열어서 3~4분정도 굽는다. 이때 절대로 누르지 않는다.
❻ ❺를 다시 뒤집어 3~4분간 더 구운 후, 그 위에 오코노미야키 소스, 마요네즈, 케즈리부시, 파래가루를 뿌려 낸다.

Tip. 베니쇼우가는 생강을 채썰어 붉은 색을 입혀 만든 (짠지)종류인데요, 토오쿄오 사람들보다 오오사카 사람들이 더 즐긴다고 하더라구요.

13
김밥

마키즈시
まきずし/巻きずし

|밥(2줄분)| 갓지은 밥(300g)

|밥의 조미료| 식초(1큰술), 소금, 설탕(각각 1/2작은술)

|김밥 속에 넣을 것들|
달걀말이, 표고버섯 조림, 미츠바, 가마보코

|달걀말이|
달걀(1개), 설탕(1/2큰술), 소금, 식용유(각각 조금)

❶ 달걀, 설탕, 소금을 다 넣고 잘 풀어 놓는다.
❷ 작은 프라이팬에 식용유를 넣고 달구어, ❶을 1/3 넣고 프라이팬 전체에 펼친 후, 달걀 표면이 건조되기 전에 가장자리부터 말아간다.
❸ 프라이팬의 빈 자리에, 남은 달걀의 반을 넣고 ❶를 심으로 해서 만다.
❹ ❸에 남은 달걀을 넣고 만다.

|표고버섯 조림|
건조 표고버섯(2개), 설탕, 간장(각각 1큰술)

❶ 건조 표고버섯 2개를 물에 불린다.
❷ 물에 불린 표고버섯을 채썰어 ❶의 불린 물 3큰술에 설탕과 간장을 넣고 조린다.

|미츠바|

❶ 1/2단을 살짝 데친다.

|가마보코|

❶ 1개를 길이로 가늘게 잘라 놓는다.

❶ 작은 냄비에 밥의 조미료를 넣고 중불에 올린 후, 섞이면 불을 끄고 식힌다.
❷ 그릇에 갓지은 밥을 넣고 ❶을 골고루 뿌린 다음, 주걱으로 전체적으로 자르듯이 잘 섞는다. 이 때, 밥이 끈적거리지 않게 한다.
❸ ❷를 부채로 부쳐가며 식힌다.
❹ 김밥말이 위에 김을 깔고 ❸을 펼쳐 놓은 후, 달걀부침, 표고버섯 조림, 미츠바, 가마보코를 밥위에 나란히 올리고 말아서 모양을 다듬어 썰어 낸다.

Tip. 우리의 김밥과 다른 점은 밥에 식초를 넣는다는 것입니다.

14
고구마와 닭다리조림

사츠마이모토 토리아시노 니모노
さつまいもととりあしのにもの/サツマイモと鶏足の煮物

|재료|
닭다리(4개), 식용유(3큰술)
생강, 마늘(각각 한 조각), 물(400cc)
고구마(300g), 사야인겐(조금), 열탕(100cc)

|조미료|
간장, 흑설탕, 미림, 술(각각 2큰술)

❶ 냄비에 식용유를 두르고 가열하여 닭다리를 넣은 다음 누르면서 구운 후, 열탕을 부어서 기름기를 떨어트린다.

❷ 다른 냄비에 기름기를 제거한 ❶의 닭다리와 생강, 마늘, 물을 넣고 끓으면 거품을 걷어 내면서 불을 약하게 해서 약 10분간 더 끓인다.

❸ ❷에 큼직하게 썬 고구마와 조미료를 넣고 약한 불에서 거품을 걷어 내면서 익힌다.

❹ 다 익으면 사야인겐을 넣고 말랑해지면 불을 끈다.

Tip. 〈사야인겐〉은 콩종류인데, 안에 콩은 안들어 있어요. 껍질을 먹는데요, 〈껍질채 먹는 강낭콩〉이라고 생각하시면 됩니다.

15
토마토와 달걀볶음

토마토토 다마고노 이타메모노
とまととたまごのいためもの/トマトと卵の炒め物

|재료(2인분)|
토마토, 달걀(각각 2개)
식용유(1큰술)
소금과 후추, 잘게 썬 파세리(각각 조금)

❶ 토마토는 열탕에 넣은 후 껍질을 벗기고 반으로 잘라서 속을 빼고 큼직하게 썬다.
❷ 프라이팬에 식용유를 두르고 소금을 넣고 푼 달걀을 넣어 볶은 후, 반숙이 되면 꺼낸다.
❸ 프라이팬에 기름을 더하여 ❶을 넣고 소금, 후추를 가한 후 살짝 볶아서, ❷를 넣고 조금 더 볶아 불을 끈다.
❹ 그릇에 ❸을 넣고 파세리를 얹는다.

니시키타

니시키타에요. 올봄에 다니던 학교를 정년 퇴직하고, 결혼해서부터 살아온 집을 대대적으로 리모델링하고 있는 중이라 엄청 바쁘네요. 그래서 많이 못 만들었어요, 아주 유감입니다.

Q. 가족들이 좋아하는 음식은?
A. 〈볶은 중화국수〉! 일요일 점심이나 출출할 때 간식같이 만들어 먹는다. 양배추 등의 야채들이 담뿍 들어가고, 톡톡한 소스맛에 다들 즐겨 먹는다.

Q. 추천 요리는?
A. 두말할 것없이 〈겐치국〉이다. 영양도 좋고, 오래 두고 먹을수록 더 맛이 깊어지고, 몸도 따뜻해진다. 우리집은 날씨가 쌀쌀해지면 언제나 〈겐친국〉을 먹는다.

01
유부구이

아츠아게노 쇼우가야키
あつあげのしょうがやき/厚揚げの生姜焼き

|재료(2-3인분)|
두꺼운 유부(2장)
파(3뿌리)
생강(한조각)
가츠오브시(조금)
샐러드오일(적당량)

|조미료|
설탕(1큰술)
간장(2큰술)
물(3큰술)
식용유(1작은술)

❶ 유부는 세등분으로 자르고, 파는 잘게 썰고, 생강은 다져 놓는다.
❷ 프라이팬에 샐러드 오일을 넣고, 중불에서 썰어 놓은 유부의 양면을 노릇노릇하게 구워서 그릇에 꺼내 놓는다.
❸ 같은 프라이팬에 조미료를 넣고 끓으면 1~2분 후에 생강을 넣고 불을 끊다.
❹ ❷에 ❸을 드레싱한 후, 그 위에 파와 가츠오부시를 얹는다.

니시키타

02
낙지 초무침

다코노 스노모노
たこのすのもの/タコの酢の物

|재료(3~4인분)|
데친 낙지(300g)
오이(큰것 한개)
건조 미역(1큰술)

|조미료|
간장(1큰술)
식초, 설탕(각각 2큰술)

❶ 낙지는 먹기 좋은 크기로 자른다.
❷ 오이는 얇게 잘라서 소금을 뿌려 놓는다.
❸ 건조 미역은 물에 담가 불려 놓는다.
❹ ❶ ❷ ❸의 물기를 제거하고 조미료를 넣어 잘 섞는다.

니시키타 • 47

03
겐친국

겐친지루
けんちんじる/ケンチン汁

|재료(4인분)|
두부(1모), 유부(반장), 곤약(1/2개)
무(300g), 당근, 우엉(각각 50g)
표고버섯(2장), 토란(4개), 치쿠와(1개)
파(가는 것 1뿌리), 다시국물(750cc)
식용유(1작은술)

|조미료|
간장(3큰술), 술(2큰술), 소금(조금)

❶ 두부는 쿠킹페이퍼로 물기를 제거한 후, 적당히 자른다.
❷ 유부는 열탕에 잠시 넣어 기름기를 빼고, 곤약은 잘라서 데쳐 놓는다.
❸ 파 이외의 재료는 모두 같은 크기로 자른다.
❹ 우엉은 물에 담가서 쓴맛을 우려낸다.
❺ 두부를 식용유에 볶다가 다른 재료들을 넣고 볶은 후, 다 볶아지면 다시국물을 넣고 전체적으로 부드럽게 될 때까지 끓인다.
❻ ❺에 조미료를 넣고 잘 섞는다.
❼ 그릇에 담은 후, 잘게 썬 파를 넣어서 먹는다.

Tip. 드실 때 시치미나 산초가루를 넣어 드시면 맛있어요. 시치미는 고추가루에 양념을 넣어 좀 덜 맵게 조절한 것이고, 산초는 나무 열매인데 말려서 갈은 것을 써요. 후추가루와 다른 맛인데, 한국에도 있을까요?
두부는 야채를 볶은 후에 볶으셔도 됩니다. 각 가정마다 하는 방법이 약간 다르니까요.

04
볶은 중화국수

야키소바
やきそば/焼きそば

|재료(1인분)|
야키소바면(1봉지), 돼지고기(100g)
양배추(3장), 양파(1/2개), 당근(50g)
피망(1개), 숙주나물(100g), 식용유(1작은술),
베니쇼우가, 파래가루, 가츠오부시
(각각 적당)
술(1큰술), 간장(1/2큰술)

|조미료|
분말 중화다시, 야키소바 소스(각각 1큰술)
소금, 후추(적당)

❶ 돼지고기는 술과 간장으로 밑간을 한다.
❷ 양배추는 조금 크게 자르고, 양파, 당근, 피망은 채썬다.
❸ 프라이팬에 식용유를 넣고 ❶을 먼저 볶다가, 익는데 시간이 걸리는 야채 순으로 넣고 볶은 다음, 마지막에 야키소바면을 넣고 함께 볶는다.
❹ ❸에 조미료의 분말 중화다시와 야키소바 소스를 넣고 간을 한후, 소금과 후추로 맛을 조절한다.
❺ 접시에 담아서 위에 베니쇼우가, 파래가루, 가츠오부시를 뿌려 먹는다.

Tip. 한국에는 야키소바 소스가 없을테니 대신 〈굴소스〉를 넣으세요.

05
볶은 우동

야키우동
やきうどん/焼うどん

|재료(1인분)|
우동(한봉지), 돼지고기(100g)
양배추(3장), 양파(1/2), 버섯(1장)
당근(50g), 파(1뿌리), 식용유(1큰술)
가츠오부시, 파래가루, 마요네즈(각각 적당)

|조미료|
일본식 분말다시(1큰술)
간장(2큰술)

❶ 양배추는 조금 크게 자르고, 양파, 당근, 피망은 채썰고, 파는 3cm 크기로 썬다.
❷ 프라이팬에 식용유를 두르고 돼지고기를 넣고 볶다가, 익는데 시간이 걸리는 야채부터 차례로 넣고 볶은 다음, 파는 마지막에 넣는다.
❸ ❷에 우동을 넣고 볶다가, 조미료를 넣고 간을 한다.
❹ 접시에 담아 가츠오부시나 파래가루, 혹은 마요네즈를 쳐서 먹는다.

Tip. 야키우동은 야키소바와 만드는 법이 같아요. 면이 다를 뿐이죠.

니시키타

우츠노미야

우츠노미야입니다. 요리 전문가도 아닌 제가 이렇게 요리를 만드는게 조금 죄송스러운 생각이 들어요. 하지만 일본 사람들은 평소 무얼 먹고 지낼까, 궁금하신 분들에게 도움이 되리라는 생각에 제가 평소 집에서 잘해 먹는 요리를 선택해 보았어요. 도움이 되시기 바랍니다.

Q. 즐겨 먹는 요리는?
   A. 〈일본식 롤양배추〉! 결혼한 딸이 친정에 와서 먹고 싶어하는 요리도 그것이다. 부드러워서 딸들도, 시어머니도 아주 좋아하신다.

   Q. 추천 요리는?
      A. 〈국수〉다. 만들기도 간단해서 여름에는 자주 점심식사로 준비한다.

01
달걀찜

짜왕무시
ちゃわんむし/茶碗蒸し

|재료(2인분)|
달걀(1개), 새우(2마리), 닭고기(60g)
백합 뿌리(1/4개), 표고 버섯(작은것 2개)
미츠바(4개), 은행 열매(4개)
다시국물(달걀 양의 4배)
엷은맛 간장(1작은술), 미링(1/2 작은술)
소금(조금), 간장(1 작은술), 술(1/2 작은 술)

❶ 새우는 등쪽에 있는 검은 내장을 제거하여 꼬리만 남기고 껍질을 벗기고, 닭고기는 먹기 좋은 크기로 잘라서 간장과 술을 뿌려 놔둔다.

❷ 백합 뿌리는 큰 것은 반으로 잘라서 물에 넣어 살짝 데치고, 표고 버섯은 밑둥을 제거하고 크면 반으로 잘라 놓는다. 그리고 은행은 껍질을 벗겨 데쳐 놓고, 미츠바는 살짝 데친 다음 2개씩 묶어 놓는다.

❸ 달걀을 잘 풀어서 식은 다시국물과 엷은맛 간장, 미링, 소금을 넣고 되도록 이면 거품이 나지 않도록 잘 저어서 망에 걸러준다.

❹ 그릇에 ❶과 미츠바를 제외한 ❷를 넣고 ❸의 달걀액을 조용히 부은 후, 뚜껑을 닫고 찜통에서 약한불로 10~15분 찐다(찜통이 없으면 냄비에 2cm의 물을 넣고 찐다).

❺ ❹의 한가운데에 꼬챙이를 찔러보고 맑은 국물이 나오면 익은 것이니, ❷의 미츠바를 위에 얹어 낸다.

Tip. 찔 때, 뚜껑을 조금 열어 두면 식감이 부드러워진답니다.

우츠노미야 • 57

02
달걀말이

다시마키
だしまき/だし巻き

|재료(3~4인분)|
달걀(중간치 4개), 다시국물(5큰술)
무(윗부분으로 200g)

|조미료|
엷은맛 간장(1작은술 반)
설탕(2작은술), 미링(1큰술)

❶ 달걀은 거품이 나지 않도록 잘 풀어둔다.

❷ 다시국물에 조미료를 넣고 잘 섞는다.

❸ ❶과 ❷를 합쳐서 되도록이면 거품이 나지 않도록 잘 저어서 망에 거른다.

❹ 무는 강판에 갈아 물기를 짜놓는다.

❺ 중간불에서 달걀말이용 프라이팬에 기름을 두른 다음, 젓가락으로 달걀액을 떨어뜨려 츄하고 소리가 나면 ❸의 적당량을 프라이팬 전체에 퍼지도록 붓고 반숙 상태에서 말기 시작한다.

❻ 다 말았으면 프라이팬의 빈자리에 키친 페이퍼로 기름을 덧 바르고, 방금 말은 달걀을 이동시켜 빈 부분에도 기름을 발라준다.

❼ ❻에 또 ❸의 달걀액을 붓고, 말아진 달걀말이 밑에 달걀액이 흘러 들어 가도록 조금 기울여 준다.

❽ ❺, ❻, ❼을 반복하면서 말아준다.

❾ 전부 말고 나면 발로 싸서 모양새를 정리한 다음, 2cm 정도의 두께로 자르고 ❹를 곁들인다.

Tip. 달걀액을 넣었을 때 츄 소리가 나도록 불을 조절해 주세요. 그리고 반숙 상태에서 말기 시작하지 않으면 부드럽게 되지 않으니 그 점도 유념해 주시고요.

03 꽈리고추와 멸치볶음

시시토노 쟈코이타메
ししとのじゃこいため/ししとの雑魚炒め

|재료(2인분)|
꽈리고추(100g)
잔멸치(20~30g)
식용유(약간)

|조미료|
간장, 술(각각 1큰술)
미링, 물(각각 2큰술)

❶ 꽈리고추는 씻어서 꼭지를 잘라내고 물기를 뺀다.
❷ 잔멸치는 뜨거운 물을 끼얹어 물기를 빼둔다.
❸ 냄비에 기름을 두르고 ❶을 볶은 다음에 ❷를 넣고 살짝 볶다가 조미료를 넣고 중간 불에서 국물이 없어질 때까지 졸인다.

Tip. 풋고추대신 피망으로 해도 맛있어요.

04
유부우동

기츠네 우동
きつねうどん

|재료(2인분)|
삶은 우동(2사리), 유부(큰것 1장)
가마보코(2조각), 파(1개)

|우동국물|
다시국물(600cc), 엷은 맛 간장(1큰술 반)
미링(1/2큰술), 소금(약간)

|유부조림용 조미료|
다시국물(250cc), 설탕(2큰술)
미링(1큰술), 간장(2큰술)

❶ 유부는 뜨거운 물을 끼얹어 기름을 뺀다.
❷ 냄비에 ❶을 넣고, 유부조림용 조미료를 넣은 다음 중간 불에서 국물이 반이 될 때까지 가끔 뒤적이면서 조린다.
❸ 가마보코와 파를 썰어둔다.
❹ 다른 냄비에 우동국물을 넣고 끓여 오르면 우동을 넣고 끓이다가 간은 소금으로 조절한다.
❺ 그릇에 ❹를 담고 ❷를 위에 얹은 다음 ❸의 가마보코와 잘게 썬 파를 올린다.

Tip. 취향에 따라 시치미토우가라시, 산초가루를 뿌려서 먹습니다.

Tip. 〈엷은맛 간장〉은 보통 간장보다 염분이 많아 짜지만 색이 엷고 맛과 향기가 담백한 간장입니다. 토우쿄우보다는 오오사카나 코우토등의 간사이지방에서 애용되는 간장입니다.
〈시치미 토우가라시〉는 고추가루, 검은깨, 진피, 산초, 겨자씨, 파래 등을 혼합한 향신료인데요, 따뜻한 면류나 돈지루(돼지고기 된장국), 닭고기 구이, 소고기 덮밥 등에 사용됩니다.
〈가마보코〉는 생선어묵입니다. 작은 나무판자 위에 생선 간것을 얹고 찐것이지요. 간장과 고추냉이에 찍어서 먹으면 맛있는데요, 보통 정월 음식에서는 빼놓을 수 없는 음식 중의 하나입니다.

05
국수

소멘
そうめん/素麺

|재료(2인분)|
국수(3다발), 달걀(2개)
오이(반개), 오오바(4장)
생강(1/2개), 묘가(1개)
실파(1~2뿌리)
미링(2작은술)

|면간장|
냄비에 간장1, 미링1, 다시 국물4의 비율로
넣고 끓이다가 소금으로 간을 조절하고
식혀서 사용한다.

❶ 달걀에 미링을 넣고 풀어서 몇 번에 나누어 얇게 부쳐서 식으면 채를 썰어 놓는다.

❷ 오이, 오오바, 묘가, 파는 잘게 썰고, 생강은 강판에 갈아 놓는다.

❸ 큰 냄비에 국수 한다발에 600cc에 해당하는 물을 넣고 끓으면 면을 넣고 1분 반에서 2분 정도 끓인 후, 체에 받쳐 잘 씻어서 얼음물에 담근다.

❹ 면간장에 입맛대로 ❶, ❷를 넣어 섞어가며, ❸의 소멘을 적셔서 먹는다.

06
메밀국수

자루소바
ざるそば

|재료(2인분)|
메밀국수(2인분), 오오바(4장), 실파(2~3뿌리)
마(100g), 메추리 알(2개),
깨, 고추냉이, 파래가루, 면간장(각각 적당히)

❶ 오오바는 채 썰고, 실파는 송송 썰고, 마는 껍질을 벗겨 갈아 놓는다.
❷ 메밀국수는 뜨거운 물에서 삶은 후, 체에 받쳐서 잘 씻고 물기를 빼서 그릇에 담는다.
❸ ❶의 갈아 놓은 마에 메추리알과 파래가루를 넣는다.
❹ 면간장에 취향에 따라 깨와 고추냉이를 넣고 ❷의 메밀국수를 적셔 ❸ 곁들이며 먹는다.

Tip. 오스시, 덴푸라와 함께 대표적인 일본 요리입니다. 옛날에는 이사할 때 먹기도 했는데, 섣달 그믐날에는 지금도 따뜻한 장국에 말은 송년 메밀국수를 먹는 것이 향례입니다.
고추냉이는 일본말로 와사비라고 하는데요, 일본 원산의 식물로 옛날에는 약초로 쓰였습니다. 지금은 메밀국수 이외에도 회, 초밥 등의 일본 요리에는 빼놓을 수 없는 식재료랍니다.

우츠노미야 • 67

07
완두콩 밥

사야엔도 고항
さやえんどうごはん/サヤエンドウご飯

|재료(4-5인분)|
쌀(3컵)
찹쌀(1/3컵)
완두콩(300-400g)
소금(2작은술)
술(1큰술)

❶ 쌀과 찹쌀은 1시간 전에 씻어서 체에 받쳐 놔둔다.
❷ 완두콩은 껍질을 벗겨 소금을 뿌려 잘 버무려 둔다.
❸ 밥솥에 ❶, ❷, 술을 넣고 쌀 3컵용 분량의 물을 넣은 다음, 잘 섞어서 작동시킨다.

08
표고버섯과 박고지조림

시이타케토 간표우노 니모노
しいたけとかんぴょうのにもの/椎茸と乾ぴょうの煮物

|재료(5인분)|
말린 표고버섯(15개), 박고지(20g)
치쿠와(2~3개), 깍지완두(적당량), 소금(조금)
말린 표고버섯(15개), 박고지(20g)

|조미료|
말린 표고버섯 울근 물(400cc)
간장, 설탕, 미링(각각 3큰술)

❶ 말린 표고 버섯의 더러운 부분을 깨끗이 손질하고 살짝 씻어 물에 담가 두었다가 불으면 밑둥을 제거한다.
❷ 박고지는 살짝 씻어서 소금을 넣고 조물거려 뜨거운 물로 부드러워질 때까지 삶은 다음, 적당한 길이로 자른다.
❸ 깍지완두를 손질하여 2분 정도 삶는다.
❹ 냄비에 조미료를 넣고 버섯과 박고지를 넣고 거품을 제거하면서 조리다가 거의 끝 무렵에 치쿠와를 넣고 함께 조린다.
❺ 완성된 ❹를 그릇에 담고 그 위에 ❸을 얹는다.

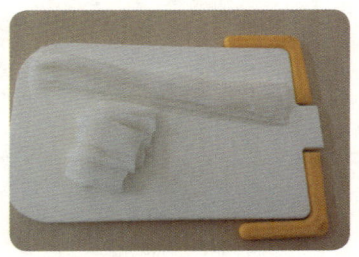

Tip. 이 표고 버섯과 박고지조림은 일본에서는 옛날부터 내려오는 김 초밥의 재료랍니다. 국수(소멘)의 반찬으로도 잘 맞고요. 한거번에 만들어 두고 밑반찬으로 해도 아주 좋습니다.

09
차가운 샤부샤부

레이샤부
れいしゃぶ/冷しゃぶ

|재료(2~3인분)|
얇게 썬 돼지고기(200g), 양상추(4장)
오이(반개), 방울토마토(6개), 오오바(4장)
양파(반개), 숙주나물(40g)
무싹(1/2팩), 물(1000cc)
술(1큰술), 폰즈(200cc), 깨(조금)

❶ 먼저 야채들을 잘 씻은 다음, 양상추는 먹기 좋게 손으로 찢고, 오이는 얇게 스라이스하고, 오오바는 채썰고, 방울토마토는 반으로 썰어 놓는다.

❷ 양파는 얇게 스라이스해서 물에 담가 둔다.

❸ 숙주나물은 살짝 데친 다음 채에 받쳐서 식힌다.

❹ 냄비에 물, 술을 넣고 끓기 직전에 고기를 2~3장씩 담근 다음 조용히 좌우로 흔들며 색이 변하면 꺼내서 얼음물에 담근다.

❺ ❹의 고기를 페이퍼 위에 놓고 물기를 뺀다.

❻ 접시에 양상추, 숙주나물, 오이를 깔고 그 위에 ❺를 올린 후 방울토마토, 양파 스라이스, 무싹을 예쁘게 올리고 마지막으로 오오바를 얹은 다음, 냉장고에 넣어 차갑게 식혀서 먹기 직전에 참깨와 폰즈를 뿌린다.

Tip. 폰즈에 무를 갈아 넣어도 맛있답니다.
고기는 펄펄 끓는 물에 넣거나 너무 오래 데치면 딱딱해지구요, 얼음물에 오래 담가 둬도 딱딱해져서 맛이 떨어지니 주의하세요^^.

10
카레

카레
かれー/カレー

재료(10접시분)

고기(400g), 양파(중 3개)
당근(중 1개), 감자(중 2개)
식용유(1큰 술)
소금과 후추(약간)
로리에(월계수잎/1장)
물(1400cc), 카레루(1상자/200g)
후쿠진즈케(적당)

❶ 야채는 잘 씻어 한입 크기로 자른다.
❷ 고기에 소금과 후추를 뿌려 둔다.
❸ 두꺼운 냄비에 기름을 두르고 ❷를 노릇노릇하게 볶은 다음, ❶의 야채를 넣고 5~10분 잘 섞으며 볶는다.
❹ ❸에 물을 넣고 끓으면 거품을 제거하며 재료가 익을 때까지 약한 불, 혹은 중간 불로 더 끓여 준다.
❺ 가스불을 끄고 잘게 부슨 카레루를 넣어 잘 섞은 다음, 약한 불에서 가끔 저으며 끓이다가 걸쭉해지면 완성.
❻ ❺를 밥위에 붓고 후쿠진즈케를 옆에 곁들인다.

Tip. 카레는 외국 요리지만, 일본에서 변화하여 가정 요리로 남녀노소에게 사랑을 받고 있습니다. 어패류나 버섯 등, 어떤 재료를 써서 만들어도 맛있답니다. 그리고 반찬으로 먹는 〈후크진즈케〉는 서양 요리의 〈피클〉과 같은 것이에요.

11
일본식 롤양배추

와후 롤캬베츠
わふうろーるきゃべつ/和風ロールキャベツ

|재료(2인분)|
돼지고기와 소고기 간 것(200g), 달걀(1개)
빵가루(3큰 술), 소금, 후추(각각 조금)
양배추잎(4장), 양파(1/2개), 당근(1/4개)
송이버섯(1/2포기), 파세리(약간)

|조미료|
다시국물(재료가 담길 정도)
옅은 맛 간장(2큰술), 소금(1/2작은술)

❶ 돼지고기와 소고기 간것에 소금과 후추를 뿌려 놓는다.
❷ 큰 냄비에 물을 끓여서 양배추를 삶아서 부드러워지면 꺼내 식을 때까지 놔둔 후, 두꺼운 부분을 잘라서 전체적으로 얇고 평평하게 한다.
❸ 당근은 5mm 두께로 둥글게 잘라, 형틀로 꽃 모양 등으로 해 놓는다.
❹ 양파, 양배추의 두꺼운 부분, ❸에서 남은 당근 조각을 잘게 썬다.
❺ 그릇에 ❶과 ❹, 달걀, 빵가루를 넣고 를 잘 섞는다.
❻❺를 ❷의 양배추 잎으로 싸서 이쑤시개로 꽂아 고정시킨다.
❼ 냄비에 조미료를 넣고 끓으면, ❻과 ❸, 송이버섯을 넣고 끓이다가 거품이 나면 걷어낸다.
❽ 뚜껑을 덮고 약한불에서 30분 정도 끓여서 소금과 후추로 간을 맞춘다.
❾ ❽의 롤양배추를 꺼내어 이쑤시개를 빼고 국물과 당근, 버섯을 접시에 예쁘게 담은 후, 그위에 잘게 썬 파슬리를 뿌린다.

12
돈까스덮밥

가츠돈
かつどん/カツ丼

|재료(2인분)|
돼지 등심(돈까스용 2장), 양파(1/2개)
달걀(튀김옷용/1개, 덮밥용/2개)
파, 밀가루, 빵가루, 소금, 후추
(각각 조금)

|조미료(1인분)|
다시국물(5큰술)
간장, 미림, 술(각각 1큰술)

❶ 돼지고기는 힘줄을 자르고 양면을 칼 등으로 가볍게 두드려 육질을 연하게 한 다음, 소금과 후추를 뿌려 놓는다.

❷ ❶에 밀가루, 달걀, 빵가루 순으로 튀김옷을 입혀서 170도 정도의 기름에 2~3번 뒤집으면서 바삭하게 튀긴 다음, 기름기를 빼고 5~6등분으로 썬다.

❸ 작은 프라이팬에 조미료를 넣고 끓으면 얇게 썬 양파의 절반(1인분)을 넣고 중불에서 2분정도 끓인다.

❹ 달걀(1인분 1개)의 흰자와 노른자가 섞이지 않도록 자르듯이 저어서 3에 흘려 넣고, 달걀이 익기 시작하면 잘게 썬 파를 넣어 뚜껑을 덮은 다음, 불을 끄고 30초간 뜸을 들인다.

❺ 그릇에 뜨거운 밥을 담고, ❹를 얹어 기호에 따라 채썬 파를 토핑한다.

Tip. 달걀을 좋아하시는 분은 1인분에 2개를 쓰시고, 그때는 간장을 1.5 큰술로 하시면 됩니다.

13
연두부 찌개

유도우후
ゆとうふ/湯豆腐

|재료(2인분)|

두부(1~2모), 다시마(15cm×15cm)
생강(1조각), 가츠오부시(1팩/3g), 실파(2뿌리),
무 머리 부분(5~6cm), 붉은 고추(2개)

|다시간장|

케즈리부시(6g), 간장(65cc), 술(1큰술)
미링(2큰술), 물(3큰술)

❶ 다시간장 재료를 냄비에 넣고 한번 끓어 오르면 불을 끄고 식혀서 키친페이퍼로 거른다(먹을 때는 따뜻한 물에 담가 중탕으로 데워서 사용한다).

❷ 두부는 1/4 크기로 썰어서 많은 물에 담가 둔다.

❸ 다시마는 꽉 짠 행주나 키친페이퍼로 표면을 닦는다.

❹ 실파는 잘게 썰고, 생강은 갈아 놓는다.

❺ 무는 껍질을 벗기고 반으로 잘라서 물에 불려 씨를 뺀 고추를 사이에 끼우고 갈아서 물기를 뺀다(이것을 〈모미지오로시〉라고 함).

❻ 냄비에 두부가 충분히 잠길 정도의 물을 넣는 다음 다시마를 넣고 5분 정도 그대로 둔다.

❼ 테이블에 두부를 넣은 냄비, 양념, 데운 다시간장, 그릇 등을 세팅한다.

❽ 불을 켜고 두부가 부글부글 끓기 시작하면 그릇에 떠서 좋아하는 양념을 얹어 다시간장을 뿌려서 먹는다.

Tip. 〈모미지오로시〉의 〈모미지〉는 단풍이라는 뜻입니다. 색이 붉고 예뻐서 이런 이름이 된 것 같아요. 옛날에는 무에 젓가락으로 구멍을 뚫고 거기에 고추를 끼워서 갈아 만든는데, 그것보다 쉬운 방법이 이곳에서 한대로 무 사이에 불린 고추를 끼워서 가는 것입니다. 하지만 뭐니뭐니해도 최고로 간편한 것은, 무 간 것에 고춧가루를 섞는 것이죠. 하지만 그건 너무 성의가 없나요?^^알아서 편리하신대로 하세요. 가다랭이를 말려서 종이 보다 더 얇게 대패질 하 듯 발라 낸 것이 〈가츠오부시〉이고, 거칠게 잘라낸 것이 〈케즈리부시〉에요. 그래서 〈가츠오부시〉는 부드러우니까 음식 위에 토핑하여 그대로 먹을 수 있지만, 〈케즈리부시〉는 그대로는 거칠어서 못먹고, 국물을 내는데 쓰입니다.

14
모듬찌개

요세나베
よせなべ/寄せ鍋

|재료(2인분)|
배추(3장), 쑥갓(1/2단), 흰파(1개)
표고버섯(2개), 팽이버섯(1/2포기)
당근(1/4개), 두부(1/2모), 구즈키리(1팩)
대합(2개), 새우(4마리), 닭고기(150~200g)
대구(2토막), 연어(1토막)

|조미료|
다시국물(1000cc)
엷은 맛 간장, 미링, 술(각각 2큰술)
소금(1/2작은술)

|잡탕죽 재료|
밥(1~2공기), 달걀(1개), 실파(조금)

❶ 닭고기와 생선은 한입 크기로 썰고, 배추, 쑥갓은 5cm 정도 크기로, 흰파는 어슷썰기, 팽이버섯은 뿌리 부분을 제거하고 절반 크기로, 표고버섯은 가운데 칼집을 내고, 당근은 5mm 두께로 둥글게 잘라 꽃 모양으로 한 다음 5분 정도 삶아 준비한다.

❷ 테이블에 조미료를 넣은 냄비와 ❶을 세팅한다.

❸ ❷의 냄비에 불을 켜고 국물이 끓으면 배추와 버섯을 넣고 잠깐 끓이다가 다른 재료를 넣고 익으면 그릇에 덜어서 먹는다. 이때, 간은 간장으로 조절한다.

❹ 다 먹고 남은 국에 밥을 넣고 끓이다가 달걀 푼 것과 잘게 썬 실파를 넣어 잡탕죽을 만든다.

Tip. 잡탕죽에 밥 대신 우동을 넣어도 맛있답니다.
모듬찌개는 야채, 고기, 생선 등, 여러가지 재료를 넣어서 먹는 요리인데, 생선은 특히 흰살 생선을 써요. 게나 굴, 조개 등을 넣어도 맛있답니다.
일본의 찌개 요리는, 모듬찌개처럼 국물에 미리 간을 해서 익혀 먹는 것과, 두부찌개, 미즈타키, 샤부샤부처럼 간을 하지 않은 다시국물에 익혀서 폰즈등의 양념장을 찍어서 먹는 두 종류로 크게 나누어져요.

15
굴 된장찌개

가키노 도테나베
かきのどてなべ/カキの土手鍋

| 재료(2인분) |
굴(200-300g), 우엉(1/2개), 쑥갓(1/2단)
흰파(1뿌리), 표고버섯(4개), 두부(작은것 1모),
소금(굴 씻을 용도, 조금), 다시국물(200cc)

| 조미료 |
된장(130cc), 술, 설탕, 미림(각각 1큰술)

❶ 굴은 소금물에 조용히 흔들어 씻어서 소쿠리에 담은 다음, 페이퍼 위에 놓고 물기를 뺀다.

❷ 두부는 먹기 좋은 크기, 쑥갓은 잎을 뜯고, 흰파는 어슷썰기, 우엉은 얇게 썰기, 표고버섯은 칼집을 내어 모든 재료를 준비한다.

❸ 조미료를 냄비 안 쪽 가장자리에 발라 준다.

❹ 우엉, 두부, 흰파, 표고버섯, 굴, 쑥갓, 다시국물의 순으로 넣고 불을 켠다.

❺ 중불에서 뚜껑을 덮고 끓어 오르면 냄비 가장자리에 발라 놓은 된장을 풀면서 먹는다.

Tip. 굴은 너무 끓이면 딱딱해지니까 살짝 끓여서 드세요.

16
초밥

치라시즈시
ちらしずし/チラシ寿司

|재료(2~3인분)|
당근(1/4개)
껍질채 먹는 강낭콩, 깍지 완두(각각 10개)
연어알(조금)
잘게 썬 김(반장)

〈새우조림〉

|재료|
새우(큰것은 5마리, 작은것은 10마리)
소금(조금)

|조미료|
다시국물(450cc)
옅은맛 간장, 술, 미링(각각 50cc)
설탕(1큰술)

〈초밥〉

|재료|
쌀(2홉, 300g)

|조미료|
식초(50cc)
설탕(1큰술+1작은술)
소금(4/5작은술)

〈표고버섯과 박고지조림〉

|재료|
말린표고버섯(2개)
박고지(8g)

|조미료|
말린표고버섯 울근물(160cc)
간장, 설탕, 미링(각각 1큰술)

〈달걀지단〉

|재료|
달걀(3개)
식용유(1/2큰술)

|조미료|
조미료/설탕(1큰술)
소금(1/5작은술)
술(2작은술)

〈새우조림〉

❶ 새우는 등쪽에 있는 검은 내장을 제거하고 소금을 넣은 물에서 2분 정도 데쳐서 꺼내, 물로 헹구지 말고 부채로 부쳐서 식힌다.

❷ 조미료를 한소큼 끓여서 식힌 다음 그 반을 그릇에 담은 ❶에 부어 재어두고, 쓸때 꼬리를 예쁘게 자른다.

Tip. 새우조림은 전날, 혹은 반나절 전에 만드세요.

〈초밥〉

❶ 약간 되직하게 갓지은 밥을 수시통에 옮겨 잘 섞은 조미료를 골고루 뿌리면서 부채로 식혀 가며 주걱으로 자르듯이 재빨리 섞은 다음, 꽉 짠 행주로 덮어 둔다.

〈야채〉

❶ 당근은 3mm 두께로 둥글게 잘라 꽃 모양으로 자르고, 껍질채 먹는 강낭콩과 깍지완두는 꼭지를 제거한다.

❷ 냄비에 당근을 넣고 2분반 데친 다음, 거기에 껍질채 먹는 강낭콩을 넣고 2분, 마지막으로 깍지완두를 넣어서 2분 정도 삶다가 체에 받쳐 물을 뿌려 식혀, 새우 조림용의 반 남은 조미료에 담가 둔다.

❸ 맛이 들면 당근은 꽃모양으로 형을 뜨고 남은건 채썰고, 껍질채 먹는 강낭콩과 깍지완두는 어슷하게 썰어 놓는다.

〈표고버섯과 박고지 조림〉

❶ 〈8 표고버섯과 박고지조림〉을 참고해서 만든 것을 잘게 썰어, 페파로 덮어 물기를 제거해 둔다.

〈달걀지단〉

❶ 풀은 달걀을 망에 거른 다음 조미료를 넣고 잘 섞어서, 중불에서 식용유를 두른 프라이팬에 알맞게 흘려 넣고 뚜껑을 덮어 익으면 꺼낸다.

❷ ❶을 반복해서 몇장 만들어 식으면, 얇게 채썬다.

〈만들기〉

❶ 초밥에 표고버섯, 박고지, 당근을 넣고 자르듯 섞는다.

❷ ❶을 찬합에 담고 김을 뿌린 다음, 달걀지단을 골고루 뿌리고 새우를 얹는다.

❸ ❷위에 껍질채 먹는 강낭콩과 깍지완두와 당근을 보기 좋게 얹은 다음, 연어 알로 장식한다.

Tip. 치라시즈시는 행사가 있을 때 잘 만드는 요리지만, 특히 여자 아이의 성장과 행복을 기원하는 3월 3일의 「히나마츠리」 때에는 히나인형(초밥 완성 사진의 인형 참조)을 장식하고 대합국과 같이 만들어서 먹는 집이 많아요. 저희 집도 성년했지만 딸이 둘 있어서 매년 만들고 있어요^^

우츠노미야

17
김말이 초밥

데마키즈시
てまきずし/手巻き寿司

|재료(3~4인분)|
오오바(12장), 무싹(1팩)
오이(1개), 낫토(1팩), 실파(1뿌리),
단무지(5~6조각), 김(전형10~12장)
표고버섯과 박고지조림(60~80g),
간장, 고추냉이(각각 조금)

〈초밥〉

|재료|
쌀(3홉, 450g)

|조미료|
식초(5큰술)
설탕(3큰술)
소금(1작은술 반)

〈회감〉

|재료|
참치, 연어, 연어알, 오징어, 도미, 방어
(각각 50g)

〈참치마요네즈〉

|재료|
참치 통조림(1캔, 70g)

|조미료|
마요네즈(1큰술 반)
간장(1/2작은술)

〈달걀말이〉

|재료|
달걀(2개)
식용유(조금)

|조미료|
술,설탕(각각 2작은술)
소금(조금)

〈초밥〉

〈16 치라시즈시〉의 초밥 만들기를 참고로 한다.

〈회감〉

❶ 막대기 모양으로 자른다.

〈참치마요네즈〉

❶ 참치통조림 속의 물기를 따라 버리고 조미료를 넣어 끈적 끈적해질 때까지 섞는다.

〈달걀말이〉

❶ 달걀에 조미료를 넣고 잘 풀어서 식용유를 두른 프라이팬에 푼 달걀의 1/4 정도를 흘려 넣고 굳기 시작하면 가장자리부터 말아 간다.
❷ 페이퍼로 기름을 바르고 다시 달걀액을 넣고 말기를 반복하여 식으면 막대기 모양으로 자른다.

〈만들기〉

① 야채는 잘 씻고, 무싹은 뿌리를 자르고, 오이는 막대기 모양으로 자른다.
② 실파를 잘게 썰어 낫토와 간장을 조금 넣고 잘 섞어 놓는다.
③ 단무지, 표고버섯과 박고지 조림(8참조)은 가늘게 썰어 놓는다.
④ 김은 1/4의 크기로 자른다.
⑤ 재료를 큰 접시에 담아 테이블에 세팅한다.
⑥ 김위에 초밥을 펼쳐서 각각 좋아하는 재료를 넣고 말아서 간장을 찍어 먹는다.

치라시즈시

Tip. 김말이 초밥은 집에서 스시를 싸고, 간편하게 즐기면서 먹을 수 있는 요리인데요, 생일이나 손님이 오실 때 잘 만들어요. 아이들이 있으면 재료에 햄, 소시지, 치즈, 소고기 구이를 넣어도 되구요.
나중에 남은 회감으로 생선 치라시즈시를 하면 또 다른 별미랍니다.
회감으로 새우, 장어구이, 낙지도 맛있는데요, 일본에서는 슈퍼에서 〈데마키〉용 회감을 팔고 있어요.

데마키용회감

18
삼각김밥

오니기리
おにぎり/お握り

〈삼각김밥 종류〉

매실짱아찌
(우메보시/うめぼし/梅干)

구운 연어살
(샤케/しゃけ/鮭)

구운 명태알
(야키타라코/やきたらこ/焼きタラコ)

매운 명태알
(멘타이코/めんたいこ/明太子)

염장 다시마
(시오콘부/しおこんぶ/塩昆布)

깨 다시마조림
(고마콘부/ごまこんぶ/胡麻昆布)

우츠노미야

가츠오부시 무침
(오카카/おかか)

|재료|
가츠오부시(3g), 간장(1/2작은술)
설탕(1/2작은술)

매실장아찌와 가츠오부시
(우메오카카/うめおかか/梅おかか)

|재료|
씨를 뺀 매실장아찌(20g)
가츠오부시(1.5g), 간장(1/2작은술)

다진 닭고기조림
(도리소보로/とりそぼる/鶏そぼる)

|재료|
다진 닭고기(200g), 생강즙(1작은술), 술(2큰술)
간장, 설탕(각각 1큰술 반)

채소절임
(아오나/あおな/青菜)

|재료|
절인 갓(1줄기), 깨(조금)

묵은갓 절임 볶음
(가라시타카나/からしたかな/辛子高菜)

|재료|
묵은갓 절임(200g), 고추(2개), 참기름(2~3큰술),
깨(2작은술)

참치 마요네즈
(츠나마요/つなまよ/ツナマヨ)

|재료|
만드는법/〈17 김말이 초밥〉의 〈참치마요네즈〉참조

자소	깨 소금
(유카리/ゆかり)	(고마시오/ごましお/ごま塩)

〈주먹밥 만드는 법〉

❶ 갓 지은 된밥을 나무 그릇에 퍼 놓고, 손바닥을 물로 적신다.
❷ 손바닥에 소금을 묻혀서 두 손으로 균일하게 문지른 다음, 1개분의 밥(100~130g)을 손에 얹어 피고 가운데를 약간 눌러 재료를 집어 넣는다.
❸ 밥의 중심부에 힘이 가해지지 않도록 양손으로 누르면서 삼각형을 만든다.

〈주먹밥에 김을 마는 형태〉

〈김 자르기〉 〈주먹밥 모양〉

Tip. 갓 지은 된밥으로 만들고 주먹밥을 뭉칠 때 힘을 너무 가하지 않는 것이 맛있는 비결이에요.

시키마치

시키마치에요. 레시피 쓰는 것은 얼마든지 쓰겠는데 사진찍는게 정말 힘들었어요^^아이고! 아이고!를 연발하며 만들었답니다. 하지만 제가 잘 해먹는 레시피들만 골랐어요. 보시면 아시겠지만 간단하게 만들수 있는 것이 제 요리의 강점이랍니다^^

Q. 가족의 건강을 위해 만드는 요리는?
A. 〈콩비지조림〉! 영양 만점에 소화력과 흡수력이 좋다.

Q. 자주 만드는 요리는?
A. 〈낙지볶음〉! 맛도 좋고 만들기가 간단해서.

Q. 좋아하는 요리는?
A. 〈정갱이 다진것〉! 밥반찬으로 할때는 간을 강하게 하고, 술안주로 할때는 싱겁게 만든다. 날것을 이용하므로 물이 좋아야 한다.

01
닭고기와 시금치무침

토리니쿠토 호우렌소아에
とりにくとほうれんそうあえ/鶏肉とホウレン草和え

|재료|
닭고기(100g)
시금치(1다발)
소금(1작은술)
술(1큰술)

|조미료|
닭삶은 물(100cc)
간장, 식초(각각 1큰술)
스타치즙 혹은 유자즙(1개분)

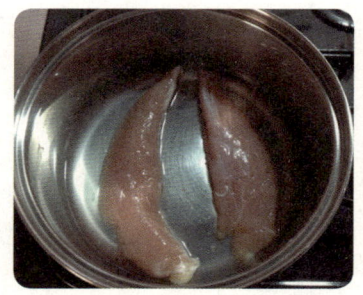

❶ 물 80cc의 냄비에 소금, 술, 닭가슴살을 넣고 뚜껑을 덮어 중불에 5분 삶아서 불을 끈 다음, 식으면 손으로 가늘게 발라 놓는다.

❷ 시금치는 살짝 데친 후 가볍게 짜서 3cm 길이로 썬다.

❸ ❶과 ❷에 조미료를 넣고 무쳐서 그릇에 담는다.

02 콩비지 조림

오카라노 니모노
おからのにもの/おからの煮物

| 재료(4~5인분) |

콩비지(100g), 치쿠와(60g)
곤약(80g)
유부, 당근, 버섯류, 우엉, 연근, 고구마
(각각 50g)
녹미채와 파(조금), 식용유(1큰술)

| 조미료 |

설탕(2큰술), 간장(4큰술)
미림(1큰술), 다시국물(400cc)

❶ 치쿠와, 곤약, 유부, 당근, 버섯류, 우엉, 연근, 고구마는 다 잘게 썬다.

❷ 녹미채는 물에 담가 부드럽게 해 놓는다.

❸ 식용유를 넣고 달군 냄비에 ❶과 ❷를 넣고 약한 불에서 볶은 후, 조미료를 넣고 익을 때까지 조용히 끓인다.

❹ 큰 냄비에 콩비지를 넣고 약한 불에서 천천히 볶아 수분이 없어져 보슬보슬 해지면 ❸을 넣고 콩비지에 맛이 들게 한다.

❺ 잘게 썬 파를 가볍게 섞어 그릇에 담는다.

03
정갱이 다진것

아지노 다타키
あじのたたき/鯵のタタキ

|재료(2인분)|
정갱이 1마리(혹은 붉은 살의 회감 100g)
실파(30g), 생강(20g)
된장(30~50g)

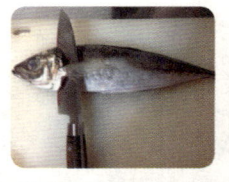 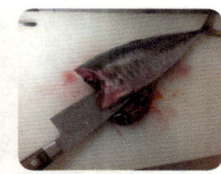

|생선 손질

❶ 머리를 토막낸다.
❷ 내장을 꺼내 깨끗이 씻는다.
❸ 딱딱한 비늘을 떼어낸다.
❹ 생선의 물기를 없애고 한손으로 누르면서 등뼈 위의 살을 발라낸 다음, 등뼈를 제거한다. 그리고 잔뼈가 있으면 족집게로 빼낸다.
❺ 껍질을 벗겨서 가늘게 채썬다.

❶ 실파와 생강은 잘게 채썰어 놓는다.
❷ 손질하여 가늘게 썬 정갱이에 된장과 ❶의 실파, 그리고 생강은 분량의 반을 넣고 도마 위에서 다지면서 서로 잘 섞는다.
❸ ❷를 그릇에 담고 그 위에 남은 생강을 올린다.

시키마치 ● 105

04 단호박 샐러드

가보쨔노 사라다
かぼちゃのさらだ/南瓜のサラダ

|재료|
단호박(300g)
소금(1/2작은술)
파세리(약간)

|조미료|
마요네즈(4큰술)
요구르트(2큰술)

❶ 단호박은 껍질과 씨를 제거하고 한입 크기로 썬 다음, 소금을 뿌려 전자렌지에서 충분히 익힌다.
❷ ❶이 식으면 조미료를 섞어 무친 후, 다진 파세리를 뿌려 토핑한다.

05
꽈리고추 볶음

시시토우노 쇼우유이타메
ししとうのしょうゆいため/シシトウの醤油炒め

|재료(2인분)|
꽈리고추(10개)
가츠오부시(10g)
간장(1작은술)
식용유(1큰술)

❶ 프라이팬에 식용유를 두르고 씨를 뺀 꽈리고추를 중불에서 차분히 볶는다.
❷ 숨이 죽으면 간장을 두르고 섞어서 작은 접시에 담아, 가츠오부시를 토핑한다.

06
낙지볶음

타코이타메
たこいため/タコ炒め

|재료(2인분)|
낙지(200g)
토마토(1개), 오이(200g)
올리브유(1큰술)
마늘(1조각)
소금, 후추(각각 조금)

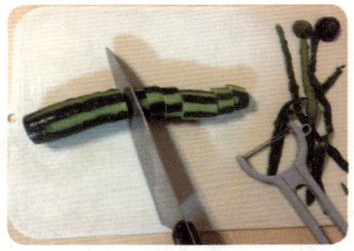

❶ 낙지와 토마토는 한입크기로 썰고, 오이 역시 듬성 듬성 껍질을 벗겨서 한입 크기로 썰어 놓는다.

❷ 마늘은 다진다.

❸ 프라이팬에 올리브유와 ❷의 마늘을 넣고 불을 켠 후, 구수한 냄새가 나면 낙지를 넣어 볶은 다음, 오이, 토마토를 넣고 살짝 볶아서 소금과 후추로 맛을 낸다.

07
벗긴새우와 양파 튀김

무키에비토 다마네기노 가키아게
むきえびとたまねぎのかきあげ/剝き海老と
タマネギのかき揚げ

|재료(2인분)|
벗긴 새우, 양파(각각 200g)
미츠바(50g)
레몬(반개), 밀가루(80g)
베이킹파우더(1작은술)
소금(1/2작은술)
물(60~80cc)
튀김기름(적당)

❶ 양파와 미츠바는 같은 크기로 썬다.
❷ 밀가루와 베이킹파우더, 소금, 물을 잘 섞어 튀김옷을 만든다.
❸ ❷에 ❶과 벗긴 새우를 다 넣고 섞은 후, 숟가락으로 떠서 170도 정도의 기름에서 뒤집으면서 튀긴다.
❹ 접시에 담아 레몬을 곁들여 낸다.

08
꽁치통조림과 오이무침

산마노 칸즈메토 큐우리아에
さんまのかんづめときゅうりあえ/サンマの缶詰と
キュウリ和え

|재료(2인분)|
꽁치통조림(1개)
오이(200g), 묘우가(2개)
마요네즈(2큰술)
간장, 소금(각각 조금)

❶ 오이는 3mm 정도 크기로 썰어 소금을 뿌려 놓는다.
❷ 묘우가는 채썬다.
❸ 국물을 제거한 꽁치통조림과 꼭 짠 오이, 묘우가를 마요네즈와 간장으로 무친다.

시키마치

09
야채드레싱을 얹은 생선

안가케 사카나
あんかけさかな / 餡かけ魚

|재료(2인분)|
생선(2마리, 혹은 2토막)
양파(100g), 당근(50g), 표고버섯(2,3개)
파란피망(2개)
파, 소금, 후춧가루, 밀가루(각각 조금)
다시국물(200cc)
녹말가루(2큰술)

|조미료|
설탕, 미링(각각 1큰술)
간장(2큰술), 술(1작은술)

❶ 생선은 깨끗이 씻어서 소금과 후추를 뿌려 놓고, 야채는 모두 5mm 정도 두께로 썬다.

❷ 다시국물에 ❶의 야채를 넣고 익힌 다음, 조미료를 넣고 끓으면 동량의 물(2큰술)로 풀은 녹말가루를 넣어 야채의 걸죽한 드레싱을 만든다.

❸ ❶의 생선의 물기를 훔치고 얇게 밀가루를 입혀서 170℃ 정도의 기름에서 구수하게 튀겨낸다.

❹ ❸을 접시에 담아 그위에 ❷를 잔뜩 올린다.

시키마치

10
연어포일구이

사케노 호이루야키
さけのほいるやき/鮭のホイル焼き

|재료(2인분)|
연어(2토막)
양파, 버섯류(각각 50g)
얇게 썬 레몬(2장)
버터(40g)
소금, 후추, 식용유(각각 조금)
알루미늄 포일(30cm×2)

❶ 양파는 얇게 썰고 버섯류는 잘게 찢는다.
❷ 연어에 소금과 후추를 뿌려 놓는다.
❸ 알루미늄 포일을 펼쳐 중앙에 식용유를 조금 바르고 양파를 깐 다음, 그 위에 연어, 버섯류, 얇게 썬 레몬, 버터를 얹어서 포일을 너무 꽉 조이지 않을 정도로 감싼다.
❹ ❸을 180℃ 오븐에 12분 정도 굽는다.

Tip. 위의 재료는 2인분이니까, 모든 재료를 반으로 나누어 알루미늄 포일 하나씩을 사용합니다. 그러니까 알루미늄 하나가 1인분인 셈이지요.

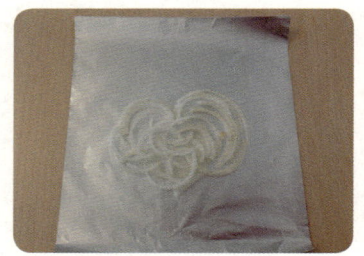

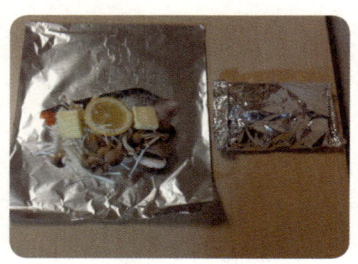

시키마치 • 119

구마카와

구마카와에요. 대학생 아들이 제가 한국어를 공부하는 모습에 약간??
놀란 것 같아요. 훗훗훗…저는 많은 것을 배우고 싶어요.
그래서 영어도 공부하고 있답니다.
아! 그리고 제 요리가 좀 달다고 느끼시면 재료 속의 설탕은 조절해 주세요.

Q. 추억의 요리는?

　A. 〈근야채볶음〉과 〈드라이카레〉! 결혼 전에 친정어머니가 자주 만들어 주신 것이 〈근야채볶음〉이었고, 시집와서 시어머니께 전수 받은 요리가 〈드라이카레〉다.

　Q. 추천요리는?

　A. 〈오징어와 토란조림〉! 토란의 물컹한 촉감과 오징어의 씹히는 맛이 잘 어울린다. 친정 어머니나 시어머니도 아주 좋아하셔서 자주 만들고 있다.

01
녹미채 조림

히지키니
ひじきに/ひじき煮

|재료(3~4인분)|
건조 녹미채(20g), 유부(1장), 당근(50g)
식용유(1/2큰술), 다시국물(100cc)

|조미료|
간장, 미링(각각 2큰술), 설탕(1큰술)

❶ 건조 녹미채는 잘 씻어 물을 빼고 다시 가득한 물로 10~15분 불린 후, 소쿠리에 건져 물기를 빼고 먹기 좋은 길이로 자른다.

❷ 유부는 끓는 물에 잠깐 담가서 기름기를 빼고 길이로 반으로 잘라 채썬다.

❸ 냄비에 식용유를 두르고 채썬 당근, ❶을 넣어서 잘 볶은 다음 다시국물과 ❷와 조미료를 넣고, 끓으면 중불에서 국물이 없어질 때까지 섞으면서 조린다.

Tip. 녹미채는 해초의 한 종류로, 보통은 오랫동안 보관할수 있도록 건조 상태에서 판매됩니다. 15분 정도 물에 넣어 불리면 양이 서너배 불어나지요. 칼슘, 철분, 식물섬유가 풍부한 저칼로리 식품으로 일본사람들에게 애용되고 있답니다.

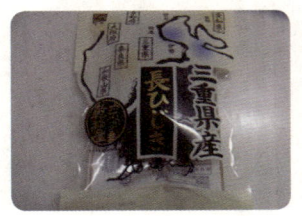

02
오징어와 토란 조림

이카토 사토이모노 니모노
いかとさといものにもの/イカとサトイモの煮物

|재료(3인분)|
토란(250g)
오징어(1마리)
술, 설탕, 간장(각각 1큰술)
미링(3큰술)
다시국물(200cc)

❶ 토란은 진흙을 떨어내고 10분 정도 삶은 후, 물에 살짝 식혀서 손으로 껍질을 벗기고 너무 크면 반으로 자른다.

❷ 오징어는 창자를 빼고 깨끗이 씻어서 다리는 2개씩 떼어내고, 동체는 둥글게, 혹은, 길이로 반으로 잘라 1cm 두께로 썰어 술을 뿌려 놓는다.

❸ 냄비에 간장, 미링을 끓여서 ❷를 넣고 색이 변하면 오징어를 꺼낸 후, ❶과 다시국물, 설탕을 넣어서 강한 불로 조린다.

❹ 끓으면 중간 불로 해서 다시 ❷의 오징어를 넣고 가볍게 뚜껑을 덮고 토란이 무를 때까지 조린다.

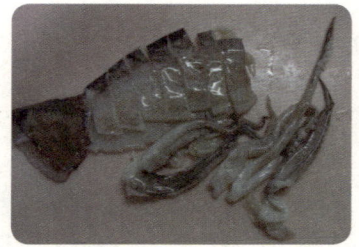

구마카와

03
야채 조림

치쿠젠니
ちくぜんに/筑前煮

|재료(2~3인분)|
닭고기, 연근(각각 100g)
당근, 우엉(각각 25g), 곤약(1/2장)
죽순(50g), 은행(8개)
식용유, 참기름(각각 1/2큰술)
다시국물(200cc)

|조미료|
간장, 설탕(각각 2큰술 반), 술(5큰술)

❶ 닭고기는 한입 크기로 썬다.
❷ 당근과 연근, 우엉은 껍질을 벗겨서 깍둑 썰기 하고, 그 중, 연근과 우엉은 물에 우린다.
❸ 곤약은 소금을 뿌려서 주물러 씻은 후, 숟가락으로 한입 크기로 잘게 찢어서 끓는 물에 데친다.
❹ 죽순은 깍둑 썰어서 살짝 데치고, 은행도 살짝 데친다(이때 은행은 없으면 안써도 된다).
❺ 냄비에 식용유를 넣고 ❶의 닭고기를 볶은 다음, 거의 익을 정도가 되면 다른 그릇에 꺼낸다.
❻ 닭고기를 꺼낸 냄비에 참기름을 두르고 ❷, ❸과 ❹의 죽순을 넣고 볶다가 ❺를 더한다.
❼ ❻에 다시국물과 조미료를 넣고 알루미늄 호일로 살짝 뚜껑을 하여 중불에서 끓이다가 도중에 몇번 뒤적이면서 국물이 없어질 때까지 조린 후, 마지막에 은행을 넣는다.

04
드라이 카레

도라이카레
どらいかれー/ドライカレー

| 재료(2인분) |
돼지고기 간것(150g)
카레가루(2큰술)
식용유, 간장(각각 1큰술),
양파(큰것 1개), 피망(1개)
소금, 후추(각각 조금)
토마토 쥬스(150cc)
건포도(50g), 설탕(1작은술)

❶ 먼저, 준비한 카레가루 분량의 반인 1큰술을 돼지고기에 뿌려 둔다.
❷ 양파와 피망은 다져서, 식용유를 두른 프라이팬에서 센 불로 8분 정도 볶는다.
❸ ❷에 ❶을 넣고 볶다가 남은 카레 가루와 소금, 후추를 넣는다.
❹ ❸에 토마토 쥬스와 건포도를 넣고 소스가 적게 될 때까지 조린 다음, 설탕과 간장으로 간을 맞춘다.

Tip. 저희집 밥은 현미에요. 사진보고 아셨죠?^^

구마카와

05
근야채볶음

욘쇼크 킨피라 고보우
よんしょくきんぴらごぼう/四色金平牛蒡

|재료(2인분)|
우엉(100g), 당근(25g)
피망, 치쿠와, 마른 빨간고추(각각 1개)
마른 목이버섯(2~3개)
식용유(1큰술), 물(2큰술)
참기름, 참깨(각각 조금)

|조미료|
간장(2큰술 반)
설탕(1큰술반), 미링(1큰술)

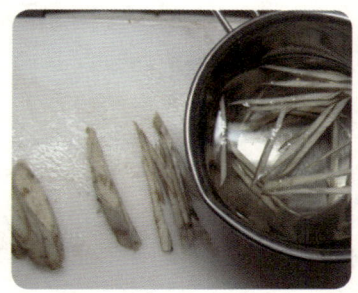

① 우엉은 껍질을 긁어서 5~6cm 길이로 채썰어 물에 우린다.

② 당근, 피망, 치쿠와, 물에 불린 목이 버섯은 채썬다.

③ 빨간고추는 씨를 빼고 송송 썬다.

④ 프라이팬에 식용유를 두르고 물기를 제거한 우엉과 당근, 목이버섯을 넣어서 잘 볶다가 물을 넣고 준비한 조미료 분량의 반을 넣어 센불에서 볶는다.

⑤ ④에 피망, 치쿠와, ③, 그리고 반 남은 조미료를 넣고 소스가 없어질 때까지 볶은 다음, 참기름을 치고 그릇에 담아 깨를 뿌린다.

06
전갱이의 남방조림

아지노 남방니
あじのなんばんに/鯵の南蛮煮

|재료(2인분)|
전갱이(2마리)
소금, 후추, 녹말가루(각각 조금)
빨강, 노랑 파프리카(각각 1/4개)
양파(중간크기 반개)
식용유(조금), 매운고추(1개)

|조미료|
다시국물(100cc), 식초(35cc)
간장, 설탕(각각 2큰술)

❶ 전갱이는 소금을 뿌리고 10분 후에 잘 씻어서 물기를 뺀 다음, 먹기 좋은 크기로 자르고 소금, 후추, 녹말가루를 뿌려서 식용유에 튀긴다.
❷ 냄비에 조미료를 넣고 약한 불로 끓인다.
❸ 파프리카와 양파를 얇고 어슷하게 썰어서 그릇 밑에 깐 다음, ❶을 담고 그 위에 잘게 썬 매운 고추를 얹은 후 ❷를 붓는다.

Tip. 조금 식으면 냉장고에 넣고 1시간 정도 식혀서 드시면 더 맛있어요.

구마카와

07
버섯찌개

기노코나베
きのこなべ/キノコナベ

|재료(4인분)|
팽이버섯, 만가닥버섯, 생표고버섯
느타리버섯 등의 버섯류(각각 70g)
두부(1모), 마(100g), 미즈나(120g)
고추가루(조금)

|다시국물|
마른 다시마(2조각)
가츠오부시(20g), 물(1000cc)

|조미료|
간장(4큰술), 술(1큰술), 미링(2큰술)
설탕, 소금(각각 조금)

❶ 질냄비에 물 1000cc와 마른 다시마를 넣고 가열하다가 끓기 직전에 다시마를 꺼내고, 종이팩에 가츠오부시를 넣어 2~3분 더 끓인 후 불을 끄고 잠시 두었다 꺼낸다.
❷ 버섯류는 밑둥을 손질하고 살짝 씻어서 먹기 좋은 크기로 찢어 놓는다.
❸ ❶에 조미료와 ❷, 두부를 넣은 다음, 한소끔 끓어 오르면 소금으로 간을 맞춘다.
❹ 마를 강판에 갈아 냄비에 넣고 마지막으로 미즈나를 넣는다.

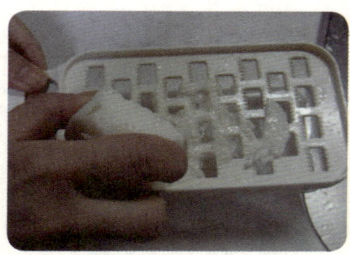

Tip. 드실때 고추가루를 뿌려 드시면 맛있어요. 그리고 다시국물이 가능하면 2~3시간 전에 만들어 놓는게 맛이 깊어진답니다.

08 새콤달콤한 닭튀김

치킨 남반
ちきんなんばん/チキン南蛮

|재료(2~3인분)|
닭가슴살(300g), 녹말가루(3큰술)
식용유(조금), 토마토(1개)

|고기 밑간 조미료|
다진 마늘, 식초, 마요네즈(각각 1큰술)

|탈타르소스|
삶은달걀(다진것 1개), 다진 양파(2큰술)
파세리(다져서 1송이), 레몬즙(1작은술)
마요네즈(1큰술 반)

|남반 식초|
설탕(3큰술), 식초, 간장(각각 2큰술)

❶ 가슴살은 먹기 쉬운 크기로 잘라서 10분 정도 밑간을 한 후, 물기를 가볍게 빼고 녹말가루를 뿌린다.
❷ 프라이팬에 식용유를 많이 넣고 ❶을 튀긴다.
❸ ❷의 튀긴 닭을 꺼내고, 프라이팬을 종이로 닦아서 남반 식초 재료를 넣고 데우다가 꺼내 놓은 ❷의 튀긴 닭을 넣고 잘 섞는다.
❹ 그릇에 ❸을 담고 그위에 탈타르소스를 얹은 다음, 토마토를 8등분하여 곁들인다.

09
장어의 야나기가와찌개

우나기노 야나기가와 나베
うなぎのやなぎがわなべ/ウナギの柳川ナベ

|재료(1~2인분)|
구운 장어(1마리)
우엉(100g)
달걀(2개)
미츠바(반단)

|조미료|
다시국물(150cc)
설탕(2큰술)
간장(1큰술)
미링(2/3큰술)

❶ 얇게 어슷썰기한 우엉을 물에 잠간 담그고, 미츠바는 먹기 좋은 크기로 자른다.

❷ 장어도 먹기 좋은 크기로 자른다.

❸ 냄비에 조미료를 넣고 끓으면 우엉을 넣어 조금 익힌 다음, 그 위에 장어를 얹어서 5분 정도 더 끓인다.

❹ ❸에 풀어 놓은 달걀을 둘러가며 넣고 반숙 상태에서 불을 끈 다음, 그 위에 미츠바를 얹는다.

10
햄버거 스테이크

하무바가 스테이크
はむばーがーすてーき/ハムバーガーステーキ

|재료(2~3인분)|
다진 소고기와 돼지고기(200g)
빵가루(15g), 우유(2큰술)
다진 양파(100g), 달걀(반개)
나츠메그, 후추, 식용유(각각 조금)
소금(1/3작은 술), 녹말가루(1/2큰술)

|소스|
케찹(4큰술)
간장, 식초, 술 설탕(각각 1큰술)
워스터소스(2작은술)
서양풍 다시(1개), 물(150cc)

❶ 빵가루를 우유에 적셔서 다진 양파를 넣고 볶는다.
❷ 그릇이 다진 소고기와 돼지고기, 달걀, 나츠메그를 넣고 잘 섞은 다음, 후추, 소금으로 간을 맞춘다.
❸ 냄비에 소스재료를 다 넣고 끓인다.
❹ ❶과 ❷를 섞어서 타원형으로 모양을 만들어 프라이팬에서 양면을 굽다가 ❸ 에 넣고 6분 정도 끓인 후, 물에 풀은 녹말가루로 걸죽하게 해서 완성한다.

하야카와

하야카와에요. 영양사 자격증을 가지고 있지만, 지금은 손녀딸의 공부를 봐주며 식구들 건강을 챙기기 위해 여러가지 궁리해서 요리를 만들고 있어요.

Q. 잘 만드는 요리는?

A. 오뎅이다. 특히 날씨가 쌀쌀해지면 일주일에 한번은 반드시 만든다. 남편과 손녀딸이 좋아한다.

Q. 추천 요리는?

A. 〈감자와 소고기볶음〉! 외국 여행하다가도 문득 먹고 싶어지는 부드러운 음식이다.

01
고등어 된장조림

사바노 미소니
さばのみそに/サバの味噌煮

|재료(2인분)|
고등어(두토막), 물(150cc), 술(50cc)
대파, 우엉(각각 30g)
생강(1조각), 간장(1큰술)

|조미료|
된장, 설탕, 미림(각각 1큰술)

❶ 5센치 길이로 썬 대파를 프라이팬에서 기름을 두르지 않은 채로 굽는다.
❷ 우엉은 5cm 길이로 얇게 자르고, 생강은 채썬다.
❸ 고등어는 깨끗히 씻어서 물, 술과 함께 냄비에 넣고 끓으면 ❷와 간장을 넣고 10분들 더 끓이다가 ❶을 넣고 약한불로 한다.
❹ 조미료에 ❸의 국물을 조금 넣고 잘 섞어 다시 ❸에 넣고 국물이 걸쭉해지면 불을 끈다.

Tip. 과는 탄자국이 있도록 굽습니다.

02
오뎅

오뎅
おでん

|재료(5인분)|
닭(150g), 치구와(4개/100g)
두꺼운 유부(4개/250g)
생선 어묵(4개/200g)
곤약(1개/280g), 무(300g)
우엉 어묵(4개/100g)
다시마(사방10cm)
다시국물(1000cc)
간장(4큰술), 미링(3큰술)

❶ 건더기들은 모두 한입 크기로 잘라서 질냄비에 넣고, 다시국물, 간장, 미링, 다시마를 넣어 뚜껑을 연 상태에서 끓으면, 다시마를 꺼내고 중불에서 30분을 더 끓인다.

Tip. 식성에 따라, 겨자와 간장에 찍어 드세요.
다음날, 드시고 남은 오뎅에 적당량의 카레를 넣고 뭉근한 불로 끓이면 일식의 맛있는 오뎅 카레가 됩니다.

03 간단 여주샐러드

간단 고야 사라다
かんたんこうやさらだ/簡単こうやサラダ

|재료(4인분)|
여주(1개/200g)
시오곤부(2큰술 반)
참치 통조림(1개/165g)

❶ 여주는 얇게 썰어 시오곤부와 잘 섞은 다음, 참치 통조림을 넣고 무쳐낸다.

Tip. 〈시오곤부〉는 잘게 썬 다시마를 소금에 절인 것인데, 집에서 만드는게 아니고 시판품이에요.

04 무와 두부의 깨무침

다이콘노 시라아에
だいこんのしらあえ / 大根の白和え

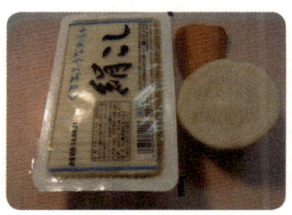

|재료(5인분)|
무(150g), 당근(25g)
두부(1모/340g)
참깨(5큰술)
설탕, 소금, 간장(각각 조금)

❶ 채친 무와 당근을 소금에 가볍게 저려 부드럽게 한다.
❷ 두부를 2분 정도 전자렌지에서 돌리고 식힌 다음, 손으로 눌러서 물기를 뺀다.
❸ 참깨를 빻아서 ❷를 넣고 함께 섞으며 짓이긴다.
❹ 물기를 꼭 짠 ❶을 ❸에 넣고 설탕과 간장으로 간을 한다.

Tip. 마지막에 얇게 썬 감을 넣으면 더 맛있답니다.

하야카와

05
갈은 닭고기 유부조림

토리니크노민치 킨챠크니모노
とりにくのみんちきんちゃくにもの / 鶏肉のミンチ巾着煮物

|재료(3인분)|
유부(3개), 갈은 닭(100g)
우엉, 당근(각각 50g), 송이버섯(40g)
달걀(3개), 삶은 은행(6개)
소금(1/2작은술), 후추가루(조금)
박고지(30cm 길이 3개)
다시국물(500cc), 간장(2큰술), 미링(1큰술)
오크라(3개), 송이버섯(끓임용 20g)

❶ 우엉을 채썰어 물에 담가 놓고, 당근, 버섯도 잘게 채친다.

❷ 갈은 닭에 ❶, 삶은 은행, 분량의 소금과 후추를 넣고 잘 반죽해서 3개의 원형을 만든다.

❸ 유부 끝을 잘라 열고 ❷를 넣어, 깬 달걀이 넘쳐 흐르지 않게 잘 부어 넣은 다음 유부 끝을 박고지로 묶는다.

❹ 냄비에 ❸, 다시국물, 오쿠라, 끓임용으로 준비한 송이버섯을 넣고 중불에서 15분 정도 끓인 후, 간장 미링을 넣고 10분 정도 더 끓인다.

Tip. 은행은 없으면 안 쓰셔도 되고요, 기호에 따라 드실 때 겨자를 곁들여 드세요.

하야카와

06
토란과 낙지 조림

사토이모토 다코노 니모노
さといもとたこのにもの/里芋とタコの煮物

|재료(3인분)|
토란(6개/250g), 삶은 낙지(150g)
당근(30g), 새송이 버섯(40g)
오크라(4개), 간장과 미링(각각 2큰술)
다시국물(200cc)

❶ 토란은 껍질을 벗기고 삶아서 점액을 없앤다.

❷ 껍질을 벗긴 당근과 버섯, ❶을 한입 크기로 자른다.

❸ 냄비에 다시국물을 넣고 끓어 오르면 ❷를 넣고 중불에서 7~8분 정도 끓인다.

❹ ❸속의 토란이 익으면 간장, 미링을 넣어서 간을 맞추고, 한입 크기로 자른 낙지와, 반으로 자른 오크라를 넣고 가끔 저어 가며 5분 더 끓인다.

Tip. 토란은 끓을 때 가끔 저어 주셔야 눌지 않아요.

07
고구마조림

사츠마이모노 니모노
さつまいものにもの/サツマイモの煮物

|재료(3인분)|
고구마(2개)
파(80g), 버터(10g)

|조미료|
간장과 미링(각각 1큰술)
다시국물(100cc)

❶ 고구마는 껍질 채, 혹은 껍질을 벗기고 1센치 두께로 잘라서 전자렌지에 넣고 3분정도 가열한다.
❷ 냄비에 조미료와 ❶을 넣고 부서지지 않게 중간불에서 조린다.
❸ ❷의 고구마를 나무 젓갈로 찔러봐서 부드럽게 들어 가면 3센치 길이로 썬 파와 버터를 넣고 조금 더 가열하다가, 버터가 녹으면 불을 끈다.

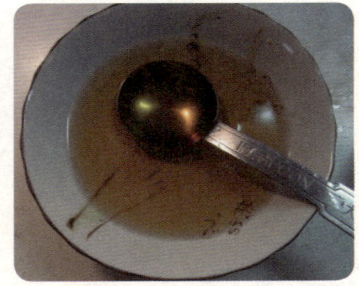

08
감자와 소고기조림

니쿠자가
にくじゃが/肉じゃが

|재료(3인분)|
감자(350g), 양파(120g)
당근(60g)
샤브샤브용 소고기(100g)
물(150cc), 식용유(조금)

|조미료|
간장과 미링(각각 2큰술)
설탕(1큰술)

❶ 감자는 손질하여 한입 크기로 잘라서 삶고, 양파와 당근도 큼직하게 썰어 놓는다.

❷ 냄비에 식용유를 두르고 양파와 소고기를 넣고 볶다가 소고기 색깔이 변하면 당근과 물을 넣고 중간불에서 10분 정도 끓인다.

❸ ❷에 조미료를 넣고 한소끔 끓으면, ❶의 감자를 넣고 국물을 끼얹으며 강한불로 섞으면서 조리다가 국물이 거의 없어지면 불을 끈다.

하야카와

최

최예요. 일본에서 오래 살아도 저의 집에서는 역시 한국 음식이 기본인데요, 그래도 일본 음식은 자극성이 없어서 술안주^^에도 좋고, 건강식으로도 좋은 것 같아요. 그래서 제가 특히 좋아하는 일본 음식들을 골라 봤어요. 간단하게 만들려고 전자렌지를 사용한 음식이 많고요. 아무튼 만들기도 간단하고 맛과 영양에도 좋답니다. 강추!!에요.

Q. 좋아하는 일본 요리는?

A. 〈낫토와 오쿠라무침〉. 〈낫토〉와 〈오쿠라〉의 끈적거림이 피를 맑게 해준다고 해서 먹기 시작했는데 이제는 가족 모두가 아주 좋아하는 요리가 되었다.

Q. 추천요리는?

A. 〈여주와 돼지고기 볶음〉. 여주는 창문 밖에 심어서 키워 먹는데 한여름에 자연 그늘을 만들어 줘서 집안의 온도가 3도 정도는 내려간다. 그리고 〈여주〉의 쌉쌀한 맛이 건강을 느끼게 해준다. 강추!

01
오이 즉석절임

큐우리 아사즈케
きゅうりあさづけ/キュウリ浅漬け

|재료(3인분)|
오이(2개)
시오곤부(10g)

❶ 둥글게 채썬 오이를 그릇에 넣고 분량의 시오곤부를 넣는다.
❷ 그릇의 뚜껑을 닫고 20회 정도 좌우 상하로 흔들어 내용물을 잘 혼합시킨 다음, 그대로 냉장고에서 20분 정도 보관한 후, 그릇에 담아낸다.

Tip. 즉석 야채 밑반찬이므로 먹을 때마다 만들어 먹어야 신선하고 맛있어요. 거다가 만든지 한시간 정도만 지나도 오이에서 물이 나와서 맛이 없어지거든요.

02 해파리 초무침

구라게노 스노모노
くらげのすのもの/クラゲの酢の物

|재료(2인분)|
절인 해파리(40g)
무, 오이(각각 60g)
마른 미역(1큰술)
검은 깨(3작은술)
잔 멸치(1/2큰술)

|조미료|
간장, 미링, 식초(각각 1큰술)
레몬즙(반개분)

❶ 절인 해파리는 30분 정도 물에 담갔다가 소금기를 제거하고, 먹기좋게 썰어 놓는다.

❷ 무와 오이는 가늘게 채썰고 미역은 불린다.

❸ ❶과 ❷에 검은 깨와 잔 멸치를 얹은 후, 드레싱을 끼얹어 섞어 낸다.

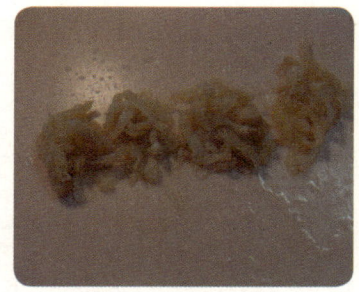

03 연근볶음

렌콘 킨피라
れんこんきんぴら/レンコンきんぴら

| 재료(3인분) |
연근(250g), 당근(80g), 곤약(120g)
치쿠와(3개)
흰깨 혹은 검은깨, 식용유(각각 조금)

| 조미료 |
술, 미링, 설탕, 간장(각각 1큰술반)

❶ 연근은 껍질을 까고 얇게 썰어서 약한 식초물에 5~10분 담갔다가, 충분히 물기를 뺀다.
❷ 당근은 껍질을 까고 길이로 네등분한 후 얇게 썬다.
❸ 치쿠와도 얇게 썰고, 곤약은 먹기 좋은 크기로 썰어서 뜨거운 물에 살짝 넣었다가 꺼내어 물기를 빼놓는다.
❹ 조미료의 재료를 섞는다.
❺ 프라이팬에 식용유를 두르고 연근, 당근, 곤약, 치쿠와를 넣어 볶는다.
❻ 연근이 투명해지기 시작하면 ❹의 조미료를 넣고 수분이 거의 없어질 때까지 볶는다.
❼ 불을 끄고 깨를 뿌려 마무리한다.

Tip. 연근을 사각사각하게 하려면 너무 볶으면 안됩니다. 그리고 곤약과 치쿠와 대신 피망이나 우엉, 소고기, 돼지고기 등을 써도 되고요. 여러가지 재료를 써서 다른맛을 즐겨 보세요!^^

04 가지볶음

마보나스
まーぼーなす/麻婆ナス

|재료(3인분)|
가지(중간치 3개)
갈은 돼지고기(50g)
파(1/2뿌리), 생강(1조각), 마늘(5조각)

|조미료|
고추장, 폰즈(각각 1큰술 반)
마살주 혹은 술, 미링(각각 1큰술)
검은깨(조금)

|전분물|
전분(1/2큰술), 물(1큰술)

❶ 가지와 파는 큼직하게 썰고, 생강과 마늘은 채썬다.
❷ 렌지용 그릇에 ❶과 갈은 돼지고기를 넣는다.
❸ ❷에 조미료를 넣고 잘 섞어 전자렌지에서 5분 가열한 다음, 뚜껑을 열고 전분물을 넣어 전체적으로 잘 섞은 후, 다시 뚜껑을 닫고 렌지에서 20초 가열한다.

05
마파두부

마보토오후
まーぼーとうふ/麻婆豆腐

|재료(4인분)|
두부(1모), 양파(1/2개)
갈은 돼지고기(20g), 생강(한조각)
마늘(3개), 매운 붉은고추(2개)
올리브 오일, 참기름 (각각 1큰술)

|조미료|
고추장, 폰즈(각각 1큰술 반)
미링, 매실주 혹은 술(각각 1큰술)
검은깨 (약간)

|전분물|
전분(1/2큰술), 물(1큰술)

❶ 양파와 마늘, 생강, 매운고추를 잘게 썬다.
❷ 중불에서 달군 프라이팬에 올리브 오일을 두르고 뜨거워지면 ❶을 넣고 볶다가 갈은 돼지고기를 넣고 함께 볶는다.
❸ 사방 1cm 크기로 자른 두부와 조미료를 ❷에 넣고 재료가 익으면, 전분물을 넣어 골고루 섞은 다음 마지막으로 참기름을 떨어트린다.

06
토란 된장국

구다쿠상 사토이모 미소시루
ぐたくさんさといもみそしる/具たくさん里芋味噌汁

|재료(5인분)|
토란(250g), 유부(140g)
감자(120g), 양파(85g)
표고버섯(2장), 연근(100g)
마늘(3쪽)
닭삶은 물(2000cc)
파잎사귀5cm

|조미료|
된장(2큰술)
술 혹은 매실주, 미링(각각 1큰술)

❶ 토란, 유부, 감자, 양파, 버섯, 연근, 마늘은 모두 굵게 채썬다.
❷ 닭삶은 물에 ❶의 건더기를 모두 넣고 충분히 익힌 후, 조미료를 넣고 다시 한소끔 끓인다.
❸ 그릇에 담은후, 잘게 썬 파를 위에 올린다.

Tip. 식성에 따라 고추가루(일본에서는 이치미라고 해요)를 넣어 드세요.

07
다카나 볶음

다카나 이타메
たかないため/高菜炒め

|재료(3인분)|
다카나(100g)
말린 새우(1큰술)
매운고추(식성에 따라/1개)
올리브 오일1큰술 반)
검은깨(1큰술)

|조미료|
간장(1작은술)
설탕(2작은술), 다시국물 혹은 물(1큰술)

❶ 다카나는 30분 정도 물에 담가 소금기를 충분히 빼고 잘게 썰어 물기를 꽉 짠다.
❷ 매운고추는 채썬다.
❸ 달군 후라이팬에 올리브 오일을 넣고 매운고추를 넣고 잠깐 볶다가, 다카나를 넣고 충분히 볶은 다음 말린 새우를 넣고 더 볶는다.
❹ ❸이 물러지면 중불에서 조미료를 넣고 물기가 없어질 때까지 볶는다.
❺ 그릇에 담아 검은깨를 뿌린다.

Tip. 다카나는 물기가 전부 없어져 무를 때까지 중불, 혹은 약한 불에서 볶는것이 맛있습니다.

Tip. 다카나는 중앙아시아가 원산지인데 중국을 거쳐 일본에 전해졌다 합니다. 한국에서는 보기 힘든 야채지요. 기후가 따뜻한 규우슈우지방에서 재배되고 있습니다. 항균작용이 있어 보통 소금에 절여 장기간 저장합니다. 그러니까 음식을 만들 때는 소금기를 빼고 사용하는 것이 보통이지요. 다카나는 B카로틴이 풍부하여 피부나 피부점막을 건강하게 하고, 식욕을 증진시키며, 노화를 방지하는 성분이 들어 있다고 합니다.

08
숙주나물 무침

모야시 아에
もやしあえ/もやし和え

|재료(3인분)|
숙주나물(250g)
붉은 피망(1/2개)
폰즈, 잔멸치(각각1큰술)
케즈리곤부, 검은깨(각각 조금)

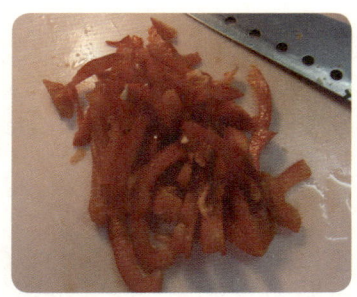

❶ 붉은 피망은 채썬다.

❷ 깨끗히 씻은 숙주나물과 ❶을 렌지용 그릇에 담고 랩을 덮은 후, 렌지에서 2분 정도 가열한다.

❸ ❷를 찬물에 가볍게 씻어 물기를 꼭 짠 다음, 그릇에 담아서 잔멸치, 케즈리곤부, 검은깨, 폰즈를 넣고 무친다.

Tip. 케즈리곤부

09
여주와 돼지고기 볶음

고우야 이타메
こうやいため/コウヤ炒め

|재료(2~3인분)|
여주(200g), 갈은 돼지고기 (50g)
양파(중간치 1/2개), 달걀(1개)
검은깨(조금), 올리브 오일(1큰술)

|조미료|
된장(1큰술)
미링, 술 혹은 매실주, 물(각각 1/2 큰술)

❶ 여주는 길이로 반을 자르고 속을 파내어 얇게 채썬 후 물에 잠깐 담가 둔다.

❷ 후라이팬에 올리브 오일을 두르고 뜨거워지면 갈은 돼지고기를 볶은 다음, 물기를 뺀 ❶의 여주와 채썬 양파를 넣고 볶는다.

❸ ❷가 충분히 익으면 조미료를 넣고 골고루 섞어 물기가 없어질 때까지 볶은 후, 달걀을 깨트려 넣고 익힌다.

❹ 그릇에 담아 검은 깨를 뿌려 낸다.

Tip. 제가 알기로, 여주는 한국에선 식용으로 사용하지 않습니다. 파란 열매가 시간이 지나면 주황색이 되며 속의 씨는 새빨갛게 되는데요, 그 빨간씨가 아주 달아서 그것만 빼내서 빨아 먹었던 어릴 적 기억이 있네요. 일본에서는 오키나와 요리의 대표적인 명물로, 톡특한 쓴맛이 식욕을 돋구고, 건강에도 좋다고 평판이 높습니다. 그리고 또 하나, 성장이 빠르고 잎이 무성하므로 〈녹색커튼〉이라고해서, 여름철 전기 절약의 수단으로 가정은 물론, 회사의 창문 밖에 심는 것이 요즘의 대세랍니다.

10
고마츠나 무침

고마츠나 아에
こまつなあえ/小松菜和え

|재료(2~3인분)|
고마츠나(200g)
가츠오부시, 폰즈(각각 1큰술)
검은깨(3작은술)

❶ 고마츠나는 잘 씻어서 잘게 썬 후 그릇에 담아 랩을 씌우고 전자렌지에서 3분 정도 가열한다.

❷ ❶을 찬물에 식혀서 꼭 짜고 먹기 좋은 크기로 자른 다음, 그릇에 담아 그 위에 가츠오부시와 검은깨를 얹은 다음에 폰즈를 끼얹어 무친다.

11
오쿠라무침

오쿠라 아에
おくらあえ/オクラ和え

|재료(2~3인분)|
오쿠라(열개 정도)
우메보시(1개), 잔멸치(1큰술)
폰즈(1작은술),
검은 깨, 가츠오부시(조금)

❶ 오쿠라는 깨끗이 씻어 용기에 넣고 랩을 씌운 다음, 렌지에서 5분 정도 가열한다.

❷ ❶을 찬물에 식혀 얇게 썰어서 잘게 썬 우메코시를 넣고 섞은 다음, 잔멸치, 검은 깨, 가츠오부시를 얹고 폰즈를 끼덮어 무친다.

12
부추 달걀볶음

니라 다마고 도지
にらたまごとじ/ニラ卵とじ

|재료(2~3인분)|
부추(120g), 달걀(2개)
올리브유, 미링(각각 1/2큰술)
소금(1작은술), 후추(조금)

❶ 부추는 물로 깨끗이 씻은 다음, 3cm 길이로 자른다.
❷ 달걀은 깨어서 소금과 후추, 미링을 넣고 포크로 잘 섞는다.
❸ 후라이 팬에 올리브유를 두르고 ❶을 잠깐 볶은 후, ❷를 넣고 전체적으로 섞으면서 볶는다.

Tip. 부즈를 너무 오래 볶으면 물도 나오고 질겨서 맛이 없으니 주의하세요.

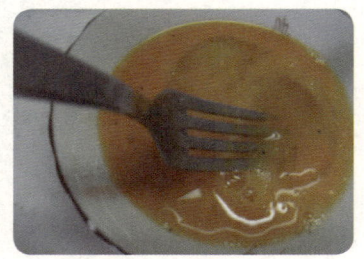

13
낫토와 오쿠라무침

낫토 오쿠라아에
なっとうおくらあえ/納豆オクラ和え

|재료(2~3인분)|
낫토(1팩), 오쿠라(1개)
매실짱아찌(반개 정도)
파(3cm), 검은 깨(조금)

❶ 오쿠라는 깨끗이 씻어 끓는 물에 1분 정도 삶아 찬물에 식혀서 원형으로 채 썰고, 파와 우메보시도 잘게 썬다.
❷ 낫토는 젓가락으로 원을 그리며 휘저어서 질이 많이 생기게 한다.
❸ ❷에 ❶과, 낫토의 포장안에 있던 겨자를 넣고 골고루 섞는다(소금간으로 우메보시를 사용하므로 낫토의 팩속에 겨자와 함께 들어 있는 간장은 사용 안함).
❹ ❸을 그릇에 담고 그 위에 검은 깨를 적당히 뿌린다.

Tip. 〈낫토〉는 한국의 〈청국장〉과 마찬가지로 콩 발효식품인데 냄새가 청국장보다는 약해요. 우리처럼 찌개에 넣어 끓여 먹는 습관은 없고, 보통 낫토 포장 속에 들어있는 전용 간장과 겨자를 넣고 실이 많이 나게 휘저어서 뜨거운 밥에 얹어 반찬으로 먹는답니다.
매실짱아찌는 김장담그기처럼, 6월 말과 7월 중순에 걸쳐 일년에 한번 만듭니다. 발효식품으로 피로회복, 동맥경화 예방, 활성산소 퇴치, 변비와 숙취 해소, 식중독 방지등의 효과가 있다고 해요.

14
무조림

다이콘니
だいこんに/大根煮

|재료(4인분)|
무(400g), 가츠오부시(2g)

|조미료|
폰즈, 매실주 혹은 술, 미링(각각 1큰술)

|드레싱 재료|
된장(1큰술)
매실주, 미링(각각 1/2큰술)
다시국물(2큰술)

❶ 무는 깨끗이 손질해 2cm 두께의 반달 모양으로 자른다.
❷ 전자렌지용 압력그릇에 ❶을 넣고, 가츠오부시와 조미료를 넣고 골고루 섞는다.
❸ ❷를 전자렌지에서 8분간 가열한 후, 3분정도 그대로 두어 뜸을 들인다.
❹ 드레싱 재료를 잘 섞어, 렌지에서 약 20초 정도 가열한다.
❺ 뜸을 들인 ❸을 그릇에 나열하고, 그 위에 잘 섞은 ❹를 드레싱한다.

15
마와 매실짱아찌 무침

야마이모토 우메보시아에
やまいもとうめぼしあえ/山芋と梅干和え

|재료(2~3인분)|
마(100g)
메실쨩아찌(50g)
가츠오부시와 검은깨(각각 조금)

---

❶ 마는 껍질을 벗겨서 채썰고, 매실쨩아찌는 다져 놓는다.
❷ ❶에 가츠오부시를 넣고 무친 다음, 검은깨를 뿌려낸다.

16
낫토 달걀부침

낫토토 다마고야키
なっととたまごやき/ナットと卵焼き

|재료(2~3인분)|
낫토(1팩), 부추(50g), 달걀(1개)
간장, 올리브유(각각 1큰술)
검은깨(1작은술)

❶ 낫토는 나무젓갈로 실이 많이 생기게 휘젓는다.
❷ 부추는 2센치 길이로 자른다.
❸ 그릇에 달걀을 넣어 푼 뒤, ❶, ❷와 간장, 검은깨를 넣고 골고루 섞는다.
❹ 프라이팬에 올리브유를 두르고 달군 후, ❸을 넣어 지지미 만들 듯이 프라이팬에 펼치고, 불을 약하게 하여 타지 않게 잘 익힌다.
❺ ❹의 한쪽면이 익으면 잘 뒤집어 역시 약한 불에서 잠시 두었다가 불을 끄고 알리미늄 호일을 덮어 뜸을 들인다.

Tip. 잘 뒤집어지지 않으니까, 한조각을 4등분으로 나누어 한조각씩 각각 뒤집어 주세요.

17
말린 무조림

호시다이콘노 니모노
ほしだいこんのにもの/干し大根の煮物

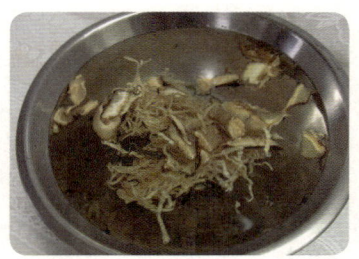

|재료(4인분)|
조림용 말린무(한봉지/80g)
식용유(1큰술), 깨(조금)

|조미료|
다시국물(300cc)
폰즈, 간장(각각 1큰술)
미링, 술 혹은 매실주(각각 2큰술)

❶ 말린무는 15분 정도 물에 담가 불리고 몇번을 조물거리며 씻어서 채에 바쳐 물기를 꼭 짠다.

❷ 냄비에 식용유를 두르고 ❶을 볶다가, 조미료를 넣고 잘 섞은 다음, 알미늄 호일을 가볍게 덮고 중불에서 국물이 없어질 때까지 조린다.

❸ ❷를 그릇에 담아서 깨를 뿌려낸다.

Tip. 조림용 말린무 봉지에는 말린무 이외 에도 말린 줄기미역, 당근, 표고버섯, 녹미채가 함께 들어가 있습니다. 그리 고 말린무의 굵기도 한국과 다르게 아 주 가늘고요. 그러니까 조리면 씹는맛 이 부드럽답니다.

토네가와

토네가와에요. 하고 있는 분야는 제빵관계인데요, 요리에도 아주 관심이 많답니다.
우선 가족들이 행복해 하는 요리를 만드려고 평소에 쬐끔^^ 신경쓰고 있어요.

Q. 좋아하는요리는?
　A. 〈곤약조림〉! 내장의 청소를 해주고 칼로리도 아주 적어서 즐겨 만든다.

　　Q. 추천요리는?
　　　A. 〈돼지고기국〉! 근애채를 많이 써서 영양도 만점이고, 다른 반찬도 그다지 필요없어서 바쁠 때나 추울 때는 자주 만든다.

01
돼지고기국

돈지루
とんじる/トン汁

|재료(5~6인분)|
잘게 썬 돼지고기(150g)
무(250g), 토란(150g)
당근, 우엉, 송이버섯(각각 50g)
곤약(70g), 식용류(1큰술), 생강(1쪽)
유부(70g), 대파(조금)

|조미료|
소금(1작은술), 요리술(1큰술)
된장(2큰술), 다시국물(1200cc)

❶ 야채를 깨끗이 씻어서 무, 토란, 당근은 한입 크기로 썰고, 송이버섯은 가닥 가닥 떼어 놓는다.

❷ 우엉은 채썰어 잠시 물에 담가 놓았다가 건져 놓는다.

❸ 곤약은 채썰어 뜨거운 물에 삶아내고, 유부는 뜨거운 물을 부어 기름기를 빼고 길이로 3등분한 후 1cm 두께로 썬다.

❹ 냄비에 기름을 두르고 채썬 생강, 한입 크기로 썬 돼지고기를 넣고 볶은 다음, ❶❷와 ❸의 곤약을 넣고 다시 한번 가볍게 볶은 후, 조미료와 ❸의 유부를 넣고 야채들이 충분히 익을 때까지 끓인다.

❺ ❹가 완전히 익으면 그릇에 담아서 잘게 썬 파를 올려 그릇에 담아낸다.

Tip. 하룻밤 그냥 두었다가 다음날 따뜻하게 해서 먹으면 맛이 들어 더 맛있답니다.
식성에 따라 이치미나 시치미를 넣어 먹습니다

02
곤약 조림

곤냐크노 피리카라
こんにゃくぴりから/コンニャクピリ辛

|재료(4인분)|
곤약(2개/500g), 식용유(1큰술)
설탕, 술(각각 1큰술)
간장(2큰술), 붉은 건고추(3개)

❶ 곤약은 반으로 자른 다음, 그 하나 하나를 다시 사선으로 잘라 맛이 잘 스며 들도록 전체적으로 포크를 찔러 놓는다.
❷ ❶을 끓는 물에 5분 정도 삶는다.
❸ 프라이팬에 식용유를 두르고 물기를 뺀 ❷를 넣어 앞뒤를 뒤적이며 잘 익히다가 설탕, 술을 넣고 섞으며 볶는다.
❹ ❸이 잘 섞어지면 간장과 잘게 썬 붉은 건고추를 넣고 중간불에서 조린다.

Tip. 곤약을 기름에 익힐 때, 술, 간장 등, 국물기가 들어가면 벼란간에 국물이 튀는 경우가 있으니 조심하세요.

03 버섯밥

기노코노 다키코미 고항
きのこのたきこみごはん/キノコの炊き込みご飯

|재료(10인분)|
쌀 (3홉)
송이버섯, 표고버섯, 새송이버섯, 유부
(각각 100g)
팽이버섯(200g), 당근(80g)

|조미료|
다시국물(500cc)
술, 간장(각각 3큰술)
소금(조금), 미림(1작은술)

❶ 버섯종류는 흙을 떼고 깨끗이 손질하여 3cm 정도 길이로 얇게 썬다.

❷ 유부는 뜨거운 물을 부어 기름을 뺀 후, 버섯과 마찬가지로 3cm 길이로 얇게 썰고 당근도 같은 길이와 두께로 썰어 놓는다.

❸ 쌀은 씻어서 30분간 물에 담가 놓은 후 채에 받쳐 물기를 뺀다.

❹ 전기밥솥에 ❸을 넣은 다음, 조미료를 넣고 잘 섞는다.

❺ ❹에 ❶ ❷를 넣고 취사 버튼을 누른다.

04
돼지고기 무조림

부타니크또 다이콘노 니모노
ぶたにくとだいこんのにもの/豚肉と大根の煮物

|재료(5인분)|
돼지 고기 삼겹살 덩어리(450g)
무(300g), 얇게 썬 생강(20g)
다시마(사방 10센치 1장), 된장(60g)
물(1000cc)

|조미료|
간장, 술(각각 3큰술), 설탕(1큰술 반)

❶ 삼겹살은 사방 2cm 길이로 썰어 프라이팬에서 노릇 노릇해질 때까지 볶은 다음, 술 100cc를 넣고 끓으면 불을 끄고, 물을 버린다.

❷ ❶에 1000cc의 물과 얇게 썬 생강을 넣고 중불에서 30분간 익힌다.

❸ 무는 2cm 넓이의 반달형으로 자르고 쌀뜨물로 삶은 후, 찬물에 헹거서 채반에 받쳐 물기를 뺀다.

❹ ❷에 조미료와 ❸, 다시마를 넣고 약한 불에서 20분간 조린다.

❺ 마지막으로 된장을 넣고 아주 약한 불에서 10분 정도 조린다.

Tip. 된장대신 고추장(15g), 혹은 간장(3큰술)을 넣어서 맛을 바꿀수 있으니 변화를 즐겨 보세요.

05
시금치 깨무침

호우렌소노 고마아에
ほうれんそうのごまあえ/ホウレン草の胡麻和え

|재료(2인분)|
시금치(200g)
소금(조금)

|조미료|
갈은 깨(4큰술)
간장, 설탕(각각 1큰술)
소금(조금)

❶ 시금치는 소금을 조금 넣은 열탕에서 빨리 데쳐 내어 찬물에 넣고 식힌 후, 5센치 정도로 잘라 물기를 짠다.

❷ 조미료를 잘 섞어 ❶에 넣고 골고루 무친다.

Tip. 쑥갓등 푸른잎 채소도 같은 방법으로 하시면 됩니다. 고소한 깨 냄새가 일품이여요.

06
유부초밥

이나리즈시
いなりずし/いなり寿司

|초밥 조미료|
식초(5큰술)
설탕(5큰술)
소금(2작은술)

|유부조림 조미료|
물(200cc), 설탕(100cc)
간장, 술, 미링(각각 50cc)
소금(1/2 작은술)

|재료(5인분)|
쌀(3홉), 다시마(사방 10cm 1장)
술(1큰술), 초밥용 유부(10장), 깨(3큰술)

〈초밥짓기〉

❶ 쌀을 씻어서 채반에 담아 30~40분 지나면 보통 밥물 때보다 2큰술 정도, 물의 양을 적게 하고, 다시마와 술을 넣고 밥을 짓는다.

❷ 다 지어진 ❶에 초밥 조미료를 넣고 섞은 다음, 깨를 넣고 또 섞는다.

〈유부조림〉

❶ 네모난 초밥용 유부를 삼각형으로 자르고 열탕에서 2~3분 데친 후, 채반에 건져 놓는다.

❷ 냄비에 유부조림 조미료를 넣고 끓으면 물기를 뺀 ❶을 넣어 중불에서 약 10분 정도 끓인다.

〈만들기〉

❶ 유부조림이 식으면 가볍게 물기를 빼고 안을 열어서 초밥을 8할 정도 넣고 여민다.

Tip. 초밥을 만들 때는 보통, 나무로 만든 그릇에 밥을 넣고 조미료를 넣은 다음, 부채질을 해 가며 섞는데요, 저의 집에는 나무 그릇이 없어서 시연하지 못했습니다. 죄송해요. 대신 〈우츠노미야 씨〉의 〈6엔인 〈초밥〉 만드는 법〉의 사진을 참조해 주세요. 그곳에서 쓰고 있는 그릇이 김초밥을 만들 때 쓰는 〈나무 그릇〉이랍니다.